赛博战基础
——从理论和实践理解赛博战的基本原理

The Basics of Cyber Warfare: Understanding the Fundamentals of Cyber Warfare in Theory and Practice

[美] Steve Winterfeld　Jason Andress　著

周　秦　李嘉言　许邦彦　等译

国防工业出版社
National Defense Industry Press

著作权合同登记　图字：军 –2013 –168 号

图书在版编目（CIP）数据

赛博战基础: 从理论和实践理解赛博战的基本原理/（美）温特菲尔德（Winterfeld, S.），（美）安德莱斯（Andress, J.）著; 周秦等译. -- 北京: 国防工业出版社, 2016. 2
（国防科技著作精品译丛）
书名原文: The Basics of Cyber Warfare:
Understanding the Fundamentals of Cyber Warfare in Theory and Practice
ISBN 978-7-118-10302-1

Ⅰ.①赛… Ⅱ.①温… ②安… ③周… Ⅲ.①信息战 Ⅳ.①E869

中国版本图书馆 CIP 数据核字（2015）第 270615 号

赛博战基础——从理论和实践理解赛博战的基本原理
[美] Steve Winterfeld　Jason Andress　　著
　　　周　秦　李嘉言　许邦彦　等译

出版发行	国防工业出版社	
地址邮编	北京市海淀区紫竹院南路 23 号　　100048	
经　售	新华书店	
印　刷	北京嘉恒彩色印刷有限责任公司	
开　本	700 × 1000　1/16	
印　张	9¾	
字　数	170 千字	
版 印 次	2016 年 2 月第 1 版第 1 次印刷	
印　数	1—2500 册	
定　价	52.00 元	

(本书如有印装错误，我社负责调换)

国防书店: (010) 88540777　发行邮购: (010) 88540776

发行传真: (010) 88540755　发行业务: (010) 88540717

翻译组名单

周　秦　　李嘉言　　许邦彦　　刘吉吉

付少鹏　　王　冰　　杜紫薇　　郭冰逸

胡思农　　谢　天　　董柏宏　　郭雨轩

梁羽博　　白　驹

译者序

随着网络深入渗透到社会生活的方方面面，赛博空间成为一个新的作战域，美国政府和军队把赛博空间纳入视野，成立了赛博司令部，赛博空间取代电磁空间成为第五大作战空间。传统的战争形态及战争观急剧变化，赛博空间控制权与制空权、制海权和制陆权一样成为赢得战争的重要保障，争夺日趋激烈。在美国的影响下，俄罗斯、德国、英国和日本等国也加强了赛博空间技战术的研究和开发，并将赛博空间对抗能力提升到新高度，赛博战似乎开始变得真实。

本书旨在回应人们对赛博战概念、赛博战相关技术的关注与疑问，全书在战略、行动、战术等不同层面阐述赛博空间的内涵，从理论和实践两方面为读者提供关于赛博战的基本知识。在内容编排上，首先在第 1 章简述赛博空间威胁，为读者建立赛博攻击方法、技术、工具、攻击者和对这些威胁的防御现状的直观认识；然后在第 2 章尝试进行赛博战概念辨析并建立赛博战与陆、海、空、天等传统作战域之间的联系，进而在第 3 章探讨了当前在国家和军队层面的赛博战条令情况；第 4、5 两章专注于从技术视角介绍实施赛博作战的多种类型工具和抵御攻击的方法，以及实施计算机网络利用/攻击的过程、工具；鉴于作者认为社会工程对组织存在巨大现实威胁，第 6 章专门对社会工程进行了讨论，并指出了抵御社会工程威胁的途径；第 7 章讨论了计算机网络防御的保护要素、防御原则、安全意识、人员培训以及可用的防御策略；第 8、9 章提出了赛博安全面临的挑战和赛博战发展趋势。书中提到了近年来发生的一些事件，意在对相关主题或观点作直观说明。本书的两位作者均长期从事赛博空间和赛博安全的相关研究，分别具有商业应用背景和军方背景，书中内容能在一定程度上反映其所在领域对赛博战和赛博安全的认识现状。

本书意在为包括政策制定者、行业规则制定者、安全专家、企业机构信息安全主管、渗透测试人员、网络和系统管理员、大学老师等在内的关注赛博活动的人提供有价值的参考，译介此书是希望为国内安全业者、研究人员、院校师生等相关人员提供一个窗口，便于了解国外研究人员在这一领域的思想观点。

为了尽可能准确地传达作者的观点和看法，我们在翻译时秉持忠实于原作的原则，但需要指出的是，我们对书中所有内容不持任何观点或立场，既不做考证和补充，也并不表示同意或反对其中的说法。

全书由周秦、李嘉言、许邦彦、刘吉吉、付少鹏、王冰、杜紫薇、郭冰逸、胡思农、谢天、董柏宏、郭雨轩、梁羽博、白驹等人共同翻译，周秦负责全书的统稿和审校工作。翻译过程中，得到了国防工业出版社编辑部老师的悉心指导和热心帮助，在此表示衷心感谢。

由于译者的知识、认识水平和时间均有限，本书难免存在疏漏、失当之处，读者如能指正，我们将非常感谢。

译者
2014 年 6 月

致谢

　　感谢家人和朋友在我们完成本书的过程中给予的指引、支持和勉励。谨将本书献给安全行业中像黑客仁者那样通过努力让世界更美好的人们(对于黑客仁者，您可能见过他们写有 "i hack charities." 字样的 T 恤，通过网站 http://hackersforcharity.org/ 可以了解更多关于他们的信息)，也献给更多投身这一领域的人。

作者简介

史蒂夫·温特菲尔德 (Steve Winterfeld), TASC (The Analytic Sciences Corporation) 公司防务/民用事业集团 CTO、TASC 公司赛博技术主管和高级赛博战士讲师。职业生涯中参与了大量重要的赛博项目, 其中最值得一提的是为负责实时安全监控和入侵行为法庭调查的美国陆军南方军区建立计算机应急响应中心 (Computer Emergency Response Center, CERT), 以及为 "全球鹰" 无人机系统开发首个 CA 认证。计算机信息系统科学硕士, 持有 CISSP、PMP、SANS、GSEC、六西格玛等认证。

杰森·安德莱斯 (Jason Andress), (ISSAP, CISSP, GPEN, CISM) 一位经验丰富的安全专业人士, 在学术和商业领域均有深厚造诣。截至目前已为全球多家各种类型公司提供信息安全专业鉴定。自 2005 年起讲授本科和研究生安全课程, 并在数据保护领域开展研究。已撰写多部著作和出版物, 主题涵盖数据安全、网络安全、渗透测试和数字取证。

目录

绪论

本章要点:
- 本书概述和关键内容
- 本书面向的读者
- 本书的组织结构

本书概述和关键内容

本书主要是对当今赛博空间的战略、行动、战术层面的介绍。本书很大程度上是在 2011 年出版的《面向安全人员的赛博战技术、战法和工具》一书基础上更深入的思考,同时也包括了自第一版发行以来发生的相关事件。

本书分享了两位作者关于赛博战的两种不同观点,一种观点来自于商业应用背景,另一种来自于军方观点。本书的每位读者均可以通过本书了解现今社会正在发生什么? 未来我们将要面临哪些问题?

本书在一定程度上可以用来为某些组织制定赛博安全战略提供参考,同时有助于促进在国家层面上讨论赛博的发展方向问题。

本书面向的读者

本书将为那些关注赛博战活动的人, 包括政策制定者、CEO、CISO、规则制定者、渗透测试人员、安全专家、网络和系统管理员、大学老师等提供有价值的资源。这些关于赛博战术和攻击的信息有助于设计和开发更加有效的产品和技术防御手段。

对于管理者来说这些信息同样重要,有助于其基于全局立场为组织开发更全面的风险管理策略。本书的某些观点将有助于决定如何进行资源分配,并可用来驱动安全工程和政策,用以缓和某些较大的争议问题。

本书的组织结构

本书通过介绍一系列有内在逻辑关系的事件使读者对当今赛博战空间有一个基本了解,同时本书各章又可以作为独立的信息块,因此在阅读本书时没有必要按从头到尾或某一特定顺序进行。本书所有的引用信息都给出了其参考文献。下面是对本书各章的概述。

第 1 章: 赛博威胁管窥

本章通过一幅图描述了赛博威胁的冰山一角,该图首先描绘了各种攻击方法和攻击资源,并描绘了攻击者和黑客利用这些攻击方法和攻击资源来突破防线 (图中以防守山脉表示) 获取有价值的数据。该图意在表现赛博域的内在交互性和复杂性。黑客使用的方法、工具以及攻击流程通常与安全专家所使用的一样,只不过安全专家拥有实施攻击和行动的授权。

第 2 章: 赛博空间作战行动

第 2 章主要讨论战争内涵是如何改变的, 以及我们是否已经处于赛博战之中。我们讨论常规战争与赛博战争之间的不同点, 以及如若用常规战对作为等价物的赛博战进行衡量, 其将是一个很不恰当的参照。无论是单纯的赛博战还是传统战争结合, 赛博战都将会导致全球性灾难, 改变我们的经济以及带来更大规模的赛博犯罪和间谍活动。本章还介绍了陆、海、空、天四个传统作战域, 因为它们都与赛博空间行动相关。由于赛博已变得更加成熟并被看作第五维作战域, 那么我们从中能学到点什么? 同时, 还回顾了各种不同威胁、它们所带来的影响以及这些威胁的可能动机。

第 3 章: 赛博条令

第 3 章主要探究了国家和军队层面的赛博战学说现状,并讨论所有拥有 IT 基础设施的国家是如何发展其本国战略和能力来保护和行使国家权利的, 以及对军队需要适应赛博空间环境的一些传统手段和装备进行测试。本章还包含了一些联邦机构和政府用来在赛博空间环境中进行行为指导的官方指令。最后关注各组织是如何发展赛博新学说并执行其现有计划的。

第 4 章: 赛博工具和技术

第 4 章主要讨论在执行计算机网络行动 (Computer Network Operations, CNO) 中可能使用到的各种工具, 以及用来防御入侵的各种方法。主要工具包括侦察工具、访问和权限提升工具、数据窃取工具 (Exfiltration)、对已入侵系统接入入口保留工具 (Sustaining Our Connection to A Compromised System)、系统攻击工具 (Assault Tools)、痕迹销毁工具 (Obfuscation Tools), 这些工具基本都是免费的, 或有免费版本且对普通大众来说都是可用的。本章还讨论了物理域和逻辑域的结合点, 以及如何改变这两者中某一个域从而对另一个域产生影响, 有些时候该影响是灾难性的。另外, 本章讨论了供应链问题以及当供应链遭到破坏或中断后带来的潜在后果。

第 5 章: 攻击手段和步骤

第 5 章主要讨论了计算机网络利用 (Computer Network Exploitation, CNE) 和计算机网络攻击 (Computer Network Attack, CNA) 的基本原理。在这里 "利用" 指的是侦察或间谍行为, 书中还就其如何实施进行了讨论。接着论述了目标确定, 其既包括从功击目标中获取信息, 也包括从监视对象中识别目标。我们讨论了赛博战的几个不同要素: 物理域和逻辑域以及电子特性。我们还讨论了攻击过程的不同阶段: 侦察 (Reconnaissance)、扫描 (Scanning)、访问系统 (Accessing Systems)、权限提升 (Escalating Privileges)、窃取数据 (Exfiltrating Data)、攻击目标系统 (Assaulting The System)、保留接入入口 (Sustaining Our Access)、销毁所有入侵痕迹 (Obfuscating Any Traces)。并比较了黑客是如何实施同类和不同类攻击的。

第 6 章: 心理战武器

第 6 章主要讨论了社会工程及其是如何对所有组织和个人构成严重威胁的。我们以军事思维来看这个问题, 并讲述他们是如何控制有争议区域以及实施反间谍行动的。本章还讨论了必须如何加强安全政策、文化和训练才能确保劳动力 (Work Force) 保持警觉, 以及人为因素会对某项杰出的安全技术基础设施造成何种破坏。

第 7 章: 防御手段和步骤

第 7 章主要讨论计算机网络防御 (Computer Network Defense, CND)。这里将讨论我们试图保护的究竟是什么, 如何保证正常用户有权访问的数据和信息的安全性, 并讨论了安全意识、训练效果用来加强我们防御中的薄弱环节。同时, 我们给出了一些在遭受攻击时进行自我防御的策略。

第 8 章: 面临的挑战

第 8 章定义了 30 (译者注: 原著此处有误, 应为 29 种) 种影响赛博安全的关键问题及其分类。接下来我们将这些问题分成了不同困难等级以及解决这些问题所需要的资源等级。同时, 我们还讨论它们之间的联系。最后, 我们关注谁该来解决这些问题以及如何解决这些问题, 包括解决这些问题的一个大概的时间表。

第 9 章: 赛博技术发展及其对赛博战的影响

展望未来, 根据当前的赛博安全技术及其趋势来判断其逻辑发展。对基于技术以及政策的发展的回顾可以基本预见将来可能会发生什么, 技术的发展趋势将会对赛博战产生重大影响, 而政策的发展将对赛博战产生最重要的影响。本章还提供了一些关于当今有争议的虚拟环境防御的最佳方法。

结论

写作本书像是一次真正的旅行。围绕如何建立最好的基础来解决问题, 写作相关人员间发生了多次争论和辩诘, 最终大家在广阔的前景和具体实用技术之间取得了平衡。希望本书能对围绕赛博空间将如何发展和我们每个人能够做些什么的全国性讨论有所贡献。

第 1 章

赛博威胁管窥

本章要点:
- 赛博战的由来
- 赛博攻击方法与工具/技术
- 攻击者 (多种类型的威胁)
- 多数机构如何防范的 (赛博安全防线)
- 目标能力 (我们应该防御什么)

1.1 赛博战的由来

20 世纪 80 年代早期, ARPANET 网发展为万维网, 其是现代因特网网络的雏形, 彼时网络作为一种在紧急情况下进行通信、隐蔽指挥控制的手段, 人们关注的焦点在于其互操作性和可靠性, 访问系统的人员相互认识, 因此并未考虑系统的安全问题。然而, 到 80 年代末期, 麻烦开始了: Robert Morris 发布了第一个蠕虫病毒 (一种具有自我复制能力的恶意代码); Clifford Stoll 发现苏联间谍通过一台加州大学伯克利分校的主机窃取美国秘密。大量与新型通信手段性能相关的典型安全风险事件迅速蔓延。

20 世纪 90 年代中后期, 计算机网络涉及并影响军事领域的关键事件发生了,《时代》杂志封面出现了 "赛博战" 一词。1998 年伊拉克战争期间, 新闻报道了名为 "拂晓时分" 的攻击五角大楼的事件, 但是讽刺的是这个事件的始作俑者是来自美国加州的两名青年。在之后的 "月色迷茫" 事件中, 美国国防部宣称发现了来自俄罗斯境内的计算机系统的入侵行为 (虽然攻击源没有得到证实), 但是俄罗斯对此予以否认 (黑客经常通过其他非联盟国家的路由实施攻击)。至 21 世纪初期, 发现了一系列网络攻击, 其行动代号为 "泰坦雨"。该行动代号在被媒体公开后改为 "拜占庭冥王", 并且在维基解密网公布后再次更名。"高级持续性威胁" 项目成为了国家资助的电子侦察/数字间谍系统的设计人员普遍考虑的问题。20 世纪末, 美国国防部开展了一次对恶意代码感染美军机密网络的回击行动, 这次行动被命名为 "扬基鹿弹行动", 行动中美国军用闪存盘检测出被植入了能够导致闪存盘在军事网络或系统上被禁用的恶意代码。

> **注意:** 行动代号 —— 为了不让无关人员知道真实信息而相互约定的表述一个项目或行动的词或短语。每个暗语随机分配且与程序或行为本身的表达意思无关。行动代号是保密的, 如果被破解, 那么也就失效了, 必须使用另一个新的代号。

除了针对美国军用网络的攻击外, 在 21 世纪初还发生了一些国际事件。2007 年, 被认为与俄罗斯政府有联系的黑客攻陷了爱沙尼亚的国会、银行、政府部门、报社和广播公司的网站。爱沙尼亚将此事提交北大西洋公约组织理事会, 以寻求该组织专家帮助恢复系统; 翌年, 在格鲁吉亚和俄罗斯的军事冲突中, 赛博攻击者控制了格鲁吉亚政府网站和商业网站, 开创了通过网页实施数字信号干扰的新型作战形式; 2010 年, "震网" 病毒攻击并破坏了控制伊朗核设施的计算机系统。

还有一些与军事用途网络破坏类似的其他核心事件。2009 年, 资料显示黑客从美国国防部服务器下载了价值数十亿美元的 F-35 型联合攻击战斗机设计数据, 黑客攻击的目标是美国国防承包商和军队内部。2010 年, 突然爆出 "极光行动" 的新闻, 同时谷歌宣称其为众多受到 APT 攻击的商业公司中的一员, 此次行动中黑客的目标是商业知识产权。2011 年又有两起令人担忧的网络攻击事件: 一起是全球能源报告中提及的名为 "夜龙行动" 的一系列网络攻击; 另一起是 RSA 攻击行动, 黑客借这次事件中获取的信息可以得到许多组织在各自网络中经常使用的密码明文, 黑客的最终目的是为了攻击美国的基础设施。

30 年来, 世界各地的网络对抗一直持续发生着。多数情况下, 当黑客的攻击目标是军队、政府或者商业网站时, 并不会造成什么危害, 黑客只是为了搜寻他们能够访问的众多系统信息。新的防护技术发明的同时, 新的攻击技术也应运而生, 它们共同发展进步。

图 1.1 所示的赛博威胁场景图有助于理解复杂的赛博环境。有人会认为这幅图摘自 J.R. Tolkien 的科幻小说《魔界之中土世界》, 还有人会认

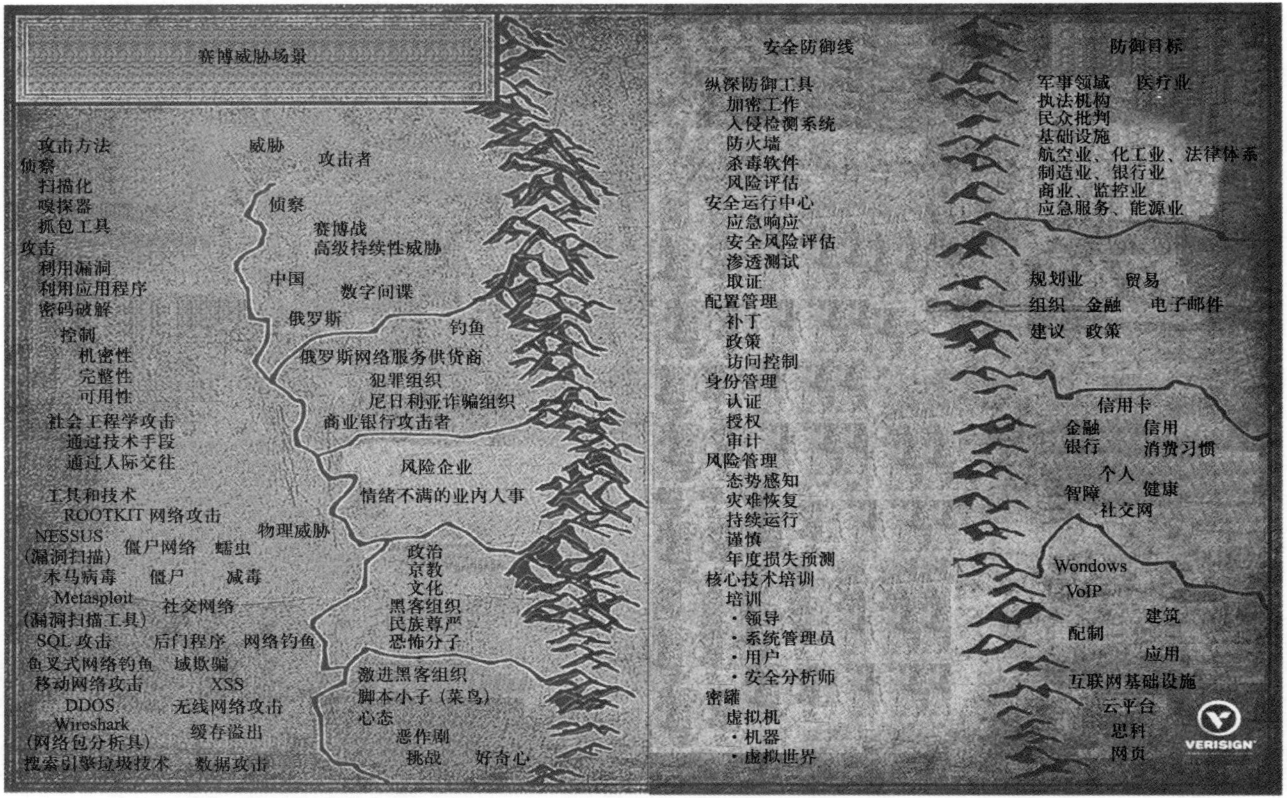

图 1.1 威胁场景图，用于表明赛博环境不同组成部分及其相互作用方式

为是北美黄松, 实际上它描述的是用于攻破安全防线以获得另一侧 (右边) 有价值数据的攻击方法 (左上)、攻击资源 (左下) 和攻击者 (第二列)。

1.2　赛博攻击方法与工具/技术

当我们调查网络是如何被攻破时, 其基本步骤显然与传统的军事攻防原则类似。与我们全面构建军队防御工事一样, 在网络战中也存在同样的防御工事 —— 隔离区 (DMZ), 就像南北朝鲜之间的军事分界线一样。攻击方通过搜索和探测网络的薄弱环节, 进行攻击或渗透, 以实现对网络的全面控制。

现实世界的战争与虚拟世界的战争之间的主要区别是一个使用硬武器, 一个使用软件程序。这里将介绍以下攻击步骤和几种常用工具。攻击工具将在后续章节中详细介绍, 此处仅作简要描述。

攻击方法是常用来攻击网络目标的综合处理过程和潜在的能够控制攻击行为的工具/技术。主要流程是侦察、攻击和利用。这些流程可能是各种各样的网络行为, 例如使用社会工程学的网络攻击 (黑客社会工程学就是引诱或哄骗某人泄露允许黑客接入网络的敏感信息)。网络攻击的每个流程或阶段都由许多分步骤完成, 在多数情况下, 不同的黑客会对攻击流程进行调整, 并实现攻击的自动化, 以设计符合他们各自风格的攻击类型。

首先需要做的是对目标实施侦察。目标可能是准备攻击的特定系统, 或者是使用这些特定系统的人员。要攻击网络计算机, 必须获取计算机在网络中唯一的 IP 地址或者网页的 URL 地址, 通常利用用户注册资料或电话号码获取这些信息。IP 地址和电话号码可以通过谷歌搜索或美国网络地址注册管理中心 (ARIN) 迅速查询到。许多社会工程学攻击需要的信息能够从商业名片上找到。

一旦确定了攻击目标, 进一步的侦察内容就是要寻找网络的漏洞或脆弱性。可以对该计算机的操作系统或某种应用程序 (如 Adobe Flash, 微软 office, 游戏软件, Web 浏览器或者一种即时通信软件等) 进行功击。一个运行在计算机系统上的漏洞扫描器可以探测出大量的漏洞信息。较流行的扫描器有 Nmap、Nessus、eEye Retina 和 Saintscanner。安全漏洞检测工具既可以用来扫描, 也可以探测应用程序的可攻击漏洞。较流行的安全漏洞检测工具有 Metasploit、Canvas、Core Impact 等。目前有一类能够脱离

Linux 激活光盘而将计算机系统转换为 Linux 系统的工具, 其中最流行的激活光盘攻击工具是 BackTrack。

> **警告:** 黑客工具与赛博安全专业工具的唯一区别在于 "授权"。在未经允许的情况下, 请不要在工作计算机上装载密码破解器测试安全性 —— 有许多人并非是恶意使用这些工具但却被解雇了。

另一个用于网络侦察的工具是 Sniffer 嗅探器。它是一种在黑客计算机系统上使用的工具, 用来伪装网络上的所有计算机, 以获取所有网络交互信息的副本。通过它黑客可以读取所有加密邮件和文件, 就像用户在网络上访问网页一样简单。流行的嗅探器有 Wireshark、Ettercap 和 Tcpdump等, 在无线攻击领域有 Aircrack-ng 和 Kismet。

当然还有许多功能强大且易于使用的网络侦察工具。其中有一类是可以进行网络环境探测的数据包分析工具, 那些没有专业技能的人也可以利用这些工具进行特殊的网络攻击, 较流行的抓包工具有 NetCat 和 Hping。还有许多其他的网络侦察工具, 这里仅介绍用于发现可攻击漏洞的网络侦察工具。

当攻击一个系统时, 使用的恶意代码有很多种类型。从编码水平来看, 有用于攻击计算机漏洞的计算机蠕虫或病毒, 如跨站脚本攻击 (XSS)、利用缓冲区溢出的 Rootkit 隐藏组件、用于设置系统入侵后门和传播病毒的特洛伊木马程序。计算机蠕虫病毒可以自动传播, 它可以感染一个计算机系统, 然后再由该计算机系统传播给其他计算机系统, 但是病毒的传播需要用户的交互信息, 如点击打开任意类型的文件 (电子邮件、文档、介绍)或者执行一个程序 (游戏、视频、新的应用程序)。计算机蠕虫和病毒采用了诸如跨站脚本攻击或缓冲区溢出等技术, 这些技术会使源代码出错, 以达到破坏代码的目的。跨站脚本攻击是一种基于网站的攻击技术。当计算机信息或者系统认证信息能够被窃取的情况下, 利用跨站脚本攻击可以在这些计算机的浏览器上执行未授权的代码。有一个非常简单的缓冲区溢出攻击的例子, 当一个程序的请求码是 10 位数字时, 软件却发送了 1000 位数字, 这样就执行了一条恶意代码的命令。因为程序没有健全的错误处理机制, 所以程序执行了恶意代码。

Rootkit 是一种能够完全控制开放系统和隐藏攻击活动的组件。一旦Rootkit 被安装, 它能够隐藏黑客文件 (如黑客工具、违规电影、盗取的信用卡号)、误导应用程序执行 (如不允许防毒软件修改病毒日志)、更改系

统状态 (如黑客开放端口 666 远程访问系统, 但是系统监控显示该端口是关闭的)。

第一代 Rootkit 非常像我女儿 4 岁的时候 (因为许多孩子是在这个年龄段开始说谎的, 所以叫作撒小谎的 4 岁)。和 4 岁的孩子一样, 第一代 Rootkit 的隐藏能力并不是非常好。我们现在所熟悉的 Rootkit 更像 21 岁的她 (她会精彩地讲一个连续的故事, 而且不会被轻易发觉那是一个谎言)。现代 Rootkit 更注重自身防检测的隐藏能力。下一代 Rootkit 将会像一个拥有社会工程学硕士学位的人, 几乎无法察觉。特洛伊木马后门是一种伪装成合法文件的程序 (通常是系统文件, 如 Windows 程序集或苹果计算机系统库中扩展名为 ".sys" 的文件)。这些文件是伪造的并替换真正的系统文件。伪造文件不但能够运行系统, 而且允许黑客远程控制系统后门开放。

计算机蠕虫和病毒攻击的一个目标是构建 Bot 网络军队。一个 Bot (也叫做一具僵尸) 是一台受控的计算机。一旦黑客建立了一支由百万僵尸组成的军队, 他们就可以通过掌控的所有僵尸计算机同时向同一站点或系统申请链接, 实施分布式拒绝服务 (DDos) 攻击。这样就可以勒索网站 (网络被阻塞或者被封闭, 导致没有客户能够访问网站)、中断命令、控制系统、点击欺骗 (如果顶级域名 org 组织为每位点击拍卖 com 域名链接的客户支付 1 美分, 那么僵尸计算机一天可以实现百万次点击), 也可以处理复杂的问题 (特别像分布式计算机)。

在广阔的网络中有许多途径可以实施对特定目标的攻击, 并不仅仅是截获的某个蠕虫或病毒。早期的安全漏洞检测工具是最普通的。正如没有一家银行能够确保不被抢劫的道理一样, 只要有足够的资源和耐心就没有不能攻破的计算机或网络。关键就是漏洞利用。如果没有检测到漏洞, 黑客可以通过密码破解或信息欺骗攻击获取合法身份的验证信息。

利用程序枚举可能的字符组合可以对密码进行暴力破解。但这非常耗时, 而且当密码的强度非常高时容易暴露。如果黑客能够访问密码文件, 那么他们会利用 Cain、Able 或者 Jack the Ripper 工具破解密码。还有一种可能用到的工具叫作彩虹破解软件, 该工具是保存了所有可能的标准键盘字符组合加密方案的字典。当黑客能够访问密码列表时, 该工具的预编译列表可以进行简单地查找。许多这样的破译软件在僵尸计算机上运行, 对 8 ~ 20 位字符组合进行破解, 字符组合的长度随着僵尸网络的扩大不断增加。

漏洞利用阶段黑客主要进行控制权限的提升。通常黑客的危害包括三个方面: 机密性、完整性和可用性。当实施机密性攻击时, 黑客仅仅是窃取秘密。当黑客进行完整性攻击时, 他们会篡改系统中的数据。如果黑客攻击的是商业网站, 那么他们会篡改价格或客户信息; 如果黑客攻击的是军事网络, 他们可能会破坏已有的指挥控制结构。可用性攻击通常是时序性的, 可以通过阻塞系统或者压制带宽来实现。黑客实施这种攻击的意图不同, 其漏洞利用类型也不同, 他们可能想利用肉机攻击网络上更多的计算机, 欺骗用户 (发送诈骗邮件) 或者利用后门安装 rootkit 软件以期实现长期的访问控制。黑客们通常要避免攻击行为被察觉, 他们可能会使用类似日志清除和重置时间戳一类的反取证技术。有些可以修补系统, 以使其他攻击者不能访问, 并保证自己不被踢出系统。最后, 黑客可以安装数字监控报警软件以监测他们的行为是否被发觉。

另外一种网络攻击手段是社会工程学攻击。这种攻击通常以电话方式在人群中实施, 也可以通过某组织机构的网站、社会媒体、集会场合交换商业名片等方式实施。目前最普遍的攻击手段是通过电子邮件进行攻击, 这种社会工程学攻击被称为网络钓鱼 (向很多人发送普通的电子邮件)、鱼叉式钓鱼 (以特定的人为目标) 或捕鲸 (目标为团体中的资深成员)。也有其他的工具, 如用于协助攻击的工程软件 "Social Engineer Toolkit"。

> **注意:** 在赛博空间中漏洞利用有三层意思。当表达代码层次时, 它是指引诱系统执行的恶意代码。当表达方法层次时, 它是指完成有效的恶意攻击。当表达军事层次时, 它是指被参谋部门使用的侦察/间谍行为。

1.3 攻击者 (多种类型的威胁)

本节将重点描述不同类型的攻击者。当我们在图 1.1 中寻找威胁概况时, 会发现攻击者没有任何规律可循。但重要的是在它们的交叠区有实线注释。高级持续性威胁 (APT) 工具能够从犯罪分子那里购买并开发, 网络新人会加入激进黑客组织。最近形势又发生了令人不安的转变, 激进黑客组织利用窃取的信息对内部人员进行威胁, 然后将窃取的信息公布在WikiLeaks 一类网站上。

APT 是赛博战争中的一个关键武器, APT 经常被媒体用在不同的场合。但是在本书中, APT 的意思是国家操控的网络攻击, 它的确是虚拟世界中的数字间谍或特工。前面章节已经介绍了众多典型的 APT 攻击行动

("泰坦雨" 行动、扬基鹿弹" 行动、"极光" 行动、"震网" 行动和 "夜龙" 行动),如今美国在探讨 "战争和病毒" 及 "恐怖的世界大战",冷兵器时代的战争已成为遥远的过去。网络攻击行动似乎更适合应用于政治斗争和金融战争。中国或俄罗斯被频繁的认定与网络攻击事件有关联,最令人深思的是这些网络攻击事件体现出赛博战的全民参与性。这种行动成本低、政治风险低。

本节的下一个话题是网络上的有组织犯罪。一个经常被当作笑话的网络故事: "尼日利亚王室需要访问您的银行账户。" 这个谎言用钓鱼邮件的形式发送出去,以窃取受害人的身份认证信息和银行账户信息。该邮件的原文是告诉受害者,国家奖励了他们一笔钱,这些钱需要转入一家美国银行,要做这些事他们需要访问受害者的账号。这些诡计早已在因特网上疯传,但是还有比这些更简单、坐牢的风险更小的犯罪,那就是犯罪分子在其他国家实施罪行。另一种流行的诡计是卖假药,如果一家根本不卖任何药品的网站,公开销售合法的麻醉品时,其很可能卖的是假药。同样的诡计也常被用于欺骗军事机构或安全部门的工作人员,诱使他们参与其在现实世界中不能做的事。

有一个很出名的犯罪组织,叫作俄罗斯网络服务供货商 (RBN) 或者俄罗斯黑帮 (注意它不是一个单一的组织)。如果某人毕业于苏联时期的一所大学,且具有计算机科学领域的学位,他为了获得高收入的工作而就职于 RBN 或者就职于 RBN 众多 "风险企业" 中的某家公司,在那里他们有充足的时间针对特定的金融机构开发利用漏洞、构建僵尸网络、盗取网络上的个人身份信息。这些犯罪组织位于某一国家,其使用的服务器位于另外一个国家,而实施犯罪的人员又在第三方国家境内,这使得他们的犯罪行为起诉工作非常复杂。RBN 就是一个很好的例子,在一些书籍中也提到了这方面的内容,如 Joseph Menn 的著作《致命系统错误》。俄罗斯不是唯一存在赛博犯罪组织的国家,实际上美国也暴露出同样的犯罪行为。

在许多报道中都能总结出这样的经验,内部威胁占威胁总数的 20% (最近研究结果显示内部威胁的真实比例接近 50%),但能够导致的破坏却占了破坏总数的 80%。其原因是内部人员知道网络上什么有价值,并且经常合法的访问。内部人员分为三种基本类型: 情绪不满的职员、贪财职员 (小偷) 和非恶意职员。情绪不满的职员会把信息发布到竞争对手的网页上或者发给同事,他们也会在计算机上安装 "逻辑炸弹",如果他们不在公司工作了,"逻辑炸弹" 就会实施破坏 (例如,如果 Winterfeld 网站不公布员工的工资单,那么它所有服务器的数据空间都会被重新格式化)。贪财的内部职员会滥用公司资产或者操纵系统去窃取财产。也有的职员由于误删文件而导致文件丢失, 或不小心在非涉密计算机系统上粘贴了机密文档导致泄密。泄密发生后需要销毁系统并进行深入分析。

激进黑客组织的动机可能源于政治立场、文化/宗教信仰、国家尊严和恐怖主义等。有一个最典型的激进黑客组织, 叫作 "匿名者"。这是一个结构分散的黑客组织, 它把遍布世界各地的黑客聚集起来攻击那些他们认为有错的组织。这个自发的网络黑客组织在 2008 年 "Chanology" 事件中对山达基教会 (Church of Scientology) 实施了攻击, 并开始使用他们的口号: "我们是匿名者, 我们是军团, 我们不会原谅, 我们不会忘记[1]。" 他们攻击了暂停支持维基解密的 MasterCard 网站, 还攻击了其并不支持的执法机构网站、政党网站、霍格伦德公司网站 (对亚伦巴尔声明的回应)、索尼公司网站 (对出台限制他们的政策实施报复)、BART 网站 (对他们关闭了抵抗地区的手机基站服务的回应)、色情网站和世界各地的许多政府网站。该组织成员在公开行动中常带着电影《V 字仇杀队》主角 Guy Fawkes 的面具。至 2012 年初, 美国联邦调查局已经逮捕了匿名者黑客组织的许多领导者, 但预计仍有许多类似的组织将涌现出来。

脚本小子和菜鸟 (刚入门的黑客) 是对技术不熟练的黑客的蔑称, 这些人只会使用在网络上能找得到的工具。这些人成为黑客的动机有很多, 有的人是为了积累社会经验, 且想加入黑客组织 (有的组织在吸收成员时需要提供黑客技能的证明), 有的人是因为喜欢挑战或者想提升黑客技能, 还有的人是出于好奇或者把它当作娱乐。还有许多黑客会议, 如 DEFCON 国际黑客大会, Shmoocon 或 HOPE。这些脚本小子进行的大量攻击给赛博战领域带来了许多麻烦。

如果网络新手每周都进行数百万次的弱攻击, 那么 APT 攻击或特殊的犯罪行为该如何被追踪定位呢? 值得注意的是他们使用的工具强大, 能够攻破并占用系统。美国国防信息系统局 (DISA) 一直表示如果系统具有完备的补丁和配置标准, 那么大多数系统能够预防已知漏洞导致的威胁, 他们用俗话 "防御方对每次攻击都要正确防御, 而攻击方的攻击只需要有一次成功" 形象地表达了这个意思。

1.4　多数机构是如何防范的 (赛博安全防线)

从威胁图中 (图 1.1) 的赛博安全防线可以看出如今有许多不同的手

段用于网络防范, 内容涉及物理防范、安全传输机制及入侵检测。这些技术不断的被验证、测试和更新, 就如同现实世界中的防御一样。

如今纵深防御或多层次检测是怎样保护大多数网络的？ 问题是现在出现了大量的移动系统 (笔记本电脑、手机、平板电脑) 和移动存储设备, 这大大增加了维持系统内部防线的困难。有一些重要的防御工具, 如用于阻止攻击的防火墙、用于报警的入侵检测系统 (IDS)、用于查杀入侵病毒的杀毒软件, 还有当设备不慎丢失或被盗窃数据后保证信息安全的数据加密工具。重要的安全机制需要有好的安全指标。指标的确定需要对网络事件的影响进行量化, 这需要技术支撑和高层领导保护网络安全的决策支持, 以及对安全基础设施投资价值风险评估的理解。这方面仍有许多工作要做, 目前还没有一套明确的网络安全行业标准。但是有三种基本类型的量化指标:

- 技术: 基于基础设施和事件响应周期的技术。
- 安全投资回报率 (ROI): 新技术或政策的受益价值分析。这些指标要求必须在性能更新策略确定前设置。
- 风险状态: 分析网络事件对工商业的影响。

> **小贴士:** 法律顾问是必备的团队成员, 但是他们的佣金昂贵, 所以许多组织召集了一些作兼职法律服务的人。当可能涉及法律诉讼、人力资源竞争或者起诉黑客时, 就需要聘请律师。当律师被聘请时, 他必须对政策非常清楚, 就像一个真实的犯罪现场, 访问过数据的人越多, 犯罪场景越容易被破坏。在军事领域的网络取证工作十分缓慢, 当某种证据会在法庭上成为有利证据时, 被控方可能会快速恢复系统状态来反驳。

接下来介绍的网络监控组织通常叫作安全运行中心 (SOC) 或者计算机应急响应小组 (CERT)。这些机构的普遍特点是具有负责事件循环 (防御、检测、响应和修复) 的技术响应团队。这与军事上的 OODA 循环 (Observe, Orient, Decide 和 Act, 观察、调整、决策和行动) 非常相似。安全运行中心也具有进行安全风险评估 (VA) 和渗透测试 (PT) 的职能。安全风险评估是有针对性地查找网络中的漏洞, 然后按层次区分如何修复或降低风险。渗透测试则是有针对性地测试某种入侵的响应能力。渗透测试依赖于双方的范围和交互作用。渗透测试团队 (也称 "红队") 不仅能发现安全漏洞, 而且能利用它们。一旦他们攻入了预先确定的文件 (叫做标记) 或者安装了一个系统文件 (叫做金色天然矿石), 此时安全运行中心团队就要决定采用何种渗透测试方案和方法了。这可以验证团队的处理过程和工具。某个人掌握了入侵关键技术后, 他就是一个取证专家了。他懂得取证的原则和技巧, 能使证据在法庭上被采信。其关键点在于掌握如何组织攻击行为再次发生。

　　配置管理是网络安全防护的重要组成部分。一个配置和管理良好的网络是安全的。可以想象当你走进游轮准备开始你的渡假时, 却发现它锈迹斑斑, 你都看不出它是什么颜色的。这时你会不自觉地抵制自己登船。由于我们不能访问过了维护周期的网络设备, 而这些网络设备却作为网络服务器输入了我们的重要信息, 这个问题需要及时打补丁修复。在对关键操作系统打补丁之前必须对补丁进行测试, 但是面临的问题是, 测试多长时间才能够被认为? (有人说是 72 小时, 但是测试范围之大使得测试费用十分昂贵)。无论是用户还是管理员都必须具备良好的理解能力和验证策略, 它们可以影响操作和进程的安全基线, 但是通常又不对它们进行安全风险分析。最后, 必须采取访问控制技术, 只有获得许可的用户才能访问任务的关键数据。这就是所谓的最小权限原则, 已经被用于情报界几十年了。

　　身份认证是一种能够帮助移动用户管理的安全技术。身份认证的三个重要因素是认证、授权和审计/合规性。在用户访问系统时, 用户应该提供证明自身身份的某些信息, 如他们知道的信息 (用户名和密码)、他们拥有的物品 (电子名片) 或他们做过的一些事情 (生物测定, 如指纹扫描): 这就是认证。接下来应该对用户可以访问的信息进行分类, 在军事领域通常分为非涉密/秘密/绝密, 同时许多机构都有自己的分类机制。最后, 就是前面提及的, 每个网络都存在漏洞, 随着时间的推移就会有黑客渗透入网络, 安全设计方案能够发现黑客的入侵。

　　合法性是以工业法案或监管需求为基础的。有一些关于法案的例子: 医疗保健 —— HIPAA 法案, 财经 —— 格雷姆 - 里奇 - 比利雷法案, 工商业 —— 塞班斯法案, 信用卡 —— 支付卡行业法案, 能源供应 —— 北美电力可靠性公司北美电力可靠性公司 (NERC) 关键基础设施保护 (CIP) 法案, 议会各级政府 —— 联邦信息安全管理法案 (FISMA), 美国信息公司 (IC) —— 保护信息系统的敏感隔离信息 (DCID 6/3), 美国军方 —— DIACAP 法案。现在, 系统每年检索更新一次法案数据。

　　风险管理是所有风险控制的规程, 目标是完成态势感知 (SA)。态势感知是对那些可能的风险数据进行关联和融合。通过态势感知可以利用公共作战视图 (COP) 直观地反映出真实存在的风险态势, 有助于对风险的了解和在其作用前提供报警信息。如果网络数据丢失了, 灾难恢复计划 (DR)

和持续运行计划 (COOP) 就会启动。灾难恢复计划致力于恢复网络的运行，而运行连续性计划是为了在没有任何自动化条件下进行连续操作。

我们在设计计算机系统或网络时，弄清网络的合法性如何得到保护是非常重要的，这些原则被作为行为准则和关注点。"年度损失预测" 算法可用来预估风险 (脆弱性 × 威胁 × 资产价值 = 总风险, 总风险 × 预防策略 = 剩余风险), 该算法可以帮助我们识别安全生命周期的阶段: 需求分析 —— 设计并发展保护措施、工具及有效防御措施 —— 运行风险管理控制。可以在系统内部设计安全机制，替代以后经常死机的或者昂贵且无效的系统。

一种最有效的保护方法就是利用有计划的培训改变用户的行为习惯。培训必须针对不同类型的用户: 领导者需要知道如何管理网络风险, 系统管理员必须清楚配置管理和修复的重要性, 普通用户需要知道他们的行为是如何成为黑客探测的漏洞的, 网络安全团队需要了解最新的网络威胁和保护工具/技术。有一些非常有用的工具, 如蜜罐技术、虚拟机 (VM)、虚拟现实和激活光盘。蜜罐技术是一种没有配置操作功能的系统, 所以能监测到任何信息交互。如果我们安装了一台标识为 "高级领导评价和重要财经数据" 的服务器, 就能够吸引内部成员和黑客的注意, 一旦他们访问这些服务器, 安全运行中心就会报警并迅速追踪。虚拟机是基于软件的计算机, 它允许任何人在他们自己的计算机上模拟多台不同开放系统的计算机, 可以在不同的虚拟机之间进行攻击测试。虚拟现实工具可以用于低成本培训。一种流行的商业虚拟现实工具是 "第二人生" (Second Life)。最后, 在你的 Linux 机器上使用我们前面讨论的工具, 如 BackTrack 工具 (可以直接引导为可用 Linux 系统的 CD)。

1.5　目标能力 (我们应该防御什么)

目标能力是攻破各类系统、窃取各种信息和让商业竞争对手妥协。主要的受攻击系统包括国家关键基础设施, 企业、个人和信息基础设施。关键基础设施通常包含了多种其他类型系统的功能。企业系统通常由个人和信息基础设施组成。

国家关键基础设施防护 (CIP) 包括: 银行业、执法机构、法律体系、运输业、医疗业、军事领域、化工业、能源业、监控业、应急服务、规划业、制造业和航空业等, 如果它们中有任何一个系统在短期内不可用就会造成重大影响。9.11 事件后, 航空安全的信赖度完全丧失, 导致了次生经济危机; 金融系统的安全完整性的缺失, 会导致银行资金流失; 如果电网被破坏, 那么将会影响经济。关键的问题是大多数基础设施是由商业公司管理运营的, 而这些公司必须平衡风险和利益。

企业资产如电子邮件账户、用户信息/商业秘密、账目信息、政策、建议、组织决策都是竞争的筹码。依赖民生信息, 犯罪组织、激进黑客组织和网络内部人员都能够追踪公司不同部门的信息。

私人数据如健康记录和财产信息 (银行业务和信用卡账户) 是保险公司、犯罪分子、间谍组织和你个人仇家的重要目标。如果黑客攻击的目标是美国现任军事高官, 那么攻击的第一步是在互联网上找到关于他的更多的个人信息。同样的, 执法代理关注的是毒品交易信息。数字原生代在网页上注入了越来越多的个人信息。这些信息引出了两个重要问题: 身份窃取和社会工程学攻击。

信息技术 (IT) 体系结构成为攻击目标的原因有两个: 一是黑客想自己利用这种结构 (如建立僵尸网络); 二是他们想弄清操作系统的类型 (Windows/OS X), 用什么样的网络工具 (网络电话、应用软件、特殊的思科设备) 能够找到漏洞。弄清楚结构或网页映射关系能够协助获得非法访问路径。

1.6 本章小结

本章概述了网络空间威胁, 内容涉及不同类型的黑客使用的方法、工具和技术等, 并介绍了在黑客攻击后保护计算机系统的防御框架的关键技术。这些内容将在本书后续章节中进行更详细的论述, 仅在本章进行简单的概述。第 8 章将会概述赛博空间环境和面临的挑战。攻击问题换个说法就是彼此之间的相互评估和层次区分以及资源分配问题。

当讨论网络威胁空间时, 有一个问题一定会被问到, 那就是人们如何在家里保护自己? 答案就是 "安全的上网习惯!" 最基本的办法有安装防火墙, 更新病毒库, 安装应用软件补丁, 将私人信息和财产数据保存在只有使用时才连接的移动存储器上, 将数据备份在当系统被入侵或破坏时不会被破坏的地方。所有的安全措施都是强制性的, 但是当它们的安全性很差时, 它们就能够被攻破, 如密码过于简单、访问含有恶意代码的网站、公开电子邮件或者允许公用网络中不明身份的用户访问等。为避免隐藏式攻击的发生, 我们应努力避免成为 "容易受攻击的目标", 也就是努力避免被黑客入侵。

参考文献

[1] Anonymous. UNK [Online]. <http://anonymousarmy.webs.com/>.

[2] Patterson BG LaWarren. Brief on operating, maintaining and defending the Army's global network enterprise. In: Cyberspace symposium, Colorado Springs; 2010.

第 2 章

赛博空间作战行动

本章要点:

- 什么是赛博空间战?
- 赛博战争 (是炒作还是现实)
- 赛博战中的边界
- 赛博在作战域中的定位

如今关于因特网攻击事件的新闻层出不穷。网络犯罪呈上升趋势, 我们会关注最新窃取身份信息的钓鱼攻击, 及时更新病毒库以避免感染, 及时安装系统补丁以避免被黑客控制, 关注针对智能手机的新型零日攻击、脸谱网站隐私处理、黑客攻破推特网站等, 现在又将关注赛博战。

现实战争中的军事分界线是十分明显的, 当两个国家发生战争时, 在双方军队易发生军事冲突的地区会建立一个明确的前线。战争通常覆盖本土, 国家间也常常是为了领土而战, 但是在最近发生的恐怖主义作战中, 军事分界线并不明显, 这是因为这些战争没有在武装冲突的发生地点设置前沿阵地, 武装力量分布没有固定的结构形式而是分散部署的, 亦或是游击队形式或者是非对称作战。

在非传统战争中, 参战双方必须在相同的地理空间进行作战, 然而在赛博空间中传统的军事分界线消失了。

2.1 什么是赛博战?

美国的信息化优势帮助我们赢得了冷兵器战争, 然而在当今社会, 它们已经成为网络冲突中的致命弱点。不可否认, 我们的技术已经远远超越了所有竞争对手,然而维持这种技术优势的消耗也是十分巨大的。如今,我们比以往任何时候都更依赖技术,并且我们的合作伙伴、竞争对手和敌人也对技术十分推崇。但是,不幸的是入侵这些系统的成本出奇得低,另外在赛博空间攻击某人的好处远大于敝处,这些促使了赛博战争的兴起。

2.1.1 赛博战定义

对赛博战争下一个准确的定义是十分困难的。事实上关于赛博和战争之间的定义一直存在争论。因此,我们将从赛博或赛博空间的一个简单定义开始。本章的目标是在军事范畴给出赛博战的定义。

美国国防部 2006 年 2 月 13 日发布的《联合出版物 3-13 信息行动》(图 2.1) 中将赛博空间定义为数字化信息在计算机网络通信中的假想环境[1]。

《赛博空间行动国家战略》中将赛博空间定义为: "利用电子和电磁频谱,经由网络化系统和相互关联的物理基础设施进行数据存储、修改和交换的域[2]。"

美国国防部 2010 年 3 月 22 日重新修订了 2006 年 9 月 17 日发布的《联合出版物 JP3.0 联合行动》,将赛博空间定义为信息环境中的一个全球域。它由互联网的信息技术基础设施网络构成,这些网络包括因特网、电信网、计算机系统以及嵌入式处理器和控制器。在赛博空间里,利用电子和电磁频谱,经由网络系统进行数据存储、修改和交换。赛博行动是对各种赛博能力的运用,主要目的是在赛博空间中或通过赛博空间实现作战目的。这些行动包括运行和防御全球信息栅格的计算机网络行动[2]。

联合国 (UN) 对赛博的定义 —— 互联计算机系统的全球系统,其通信组织结构、在线会议实体、数据库和信息利用率与常规网络类似。这个定义主要是指由因特网构成的信息环境; 但是也被用于特指某个社团、军事机构、政府部门或其他机构有限的电子信息环境[3]。

对于战争,我们无法给出一个权威的定义。联合国确实没有准确的定义,因此我们采用两个传统军事理论标准:《战争论》,拿破仑战争时期 1837 年出版的经典军事著作;《孙子兵法》,一部著于公元前 6 世纪描述战争谋略精华的中国军事著作。

《战争论》—— 我们不使用任何专家的深奥定义,我们将保持事物自己的原貌。战争无非是扩大了的搏斗。如果我们把一切战争简化为两人之间的搏斗,将作战双方比作两个摔跤手是最恰当的比喻。双方都努力通过强大的体力迫使另一方屈服: 他们的首要目标是摔倒对手, 进而使对手失去反抗能力。因此战争是一种强迫对手屈服的暴力行为[4]。

《孙子兵法》——《孙子兵法》是对国家战略非常重要的论述。战略是生存与死亡的抉择, 这种选择要么安全要么灭亡。因此它是一部绝不能忽视的论著。在《孙子兵法》中, 做战略决策时应重点考虑 "五事": 道、天、地、将、法[5]。

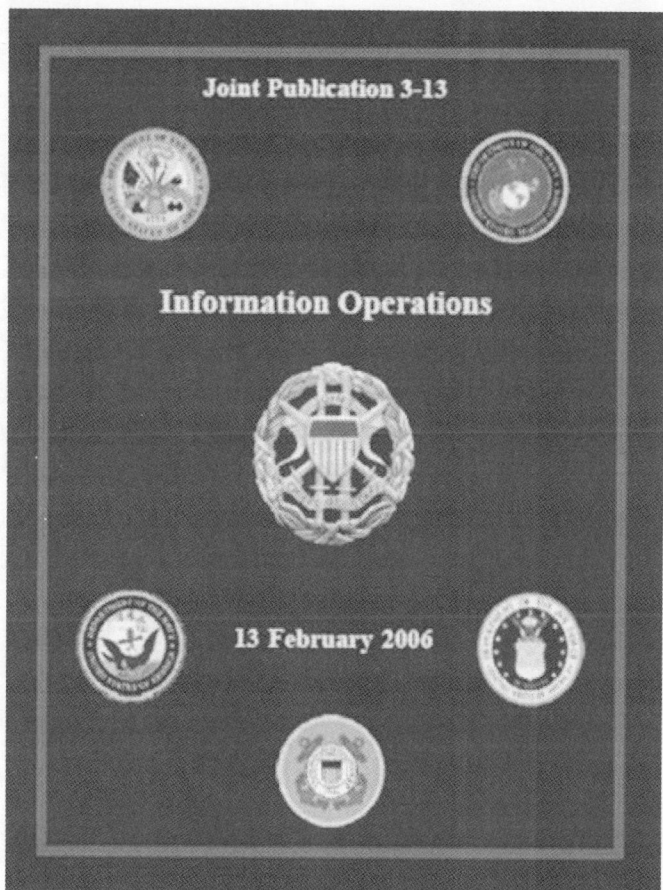

图 2.1　发布赛博行动或计算机网络行动的《联合出版物 3-13 信息行动》[2]

这些定义能用于当今的因特网中发生的行为吗? 这些传统观点能用于虚拟世界吗? 从军事理论角度看待这个问题是否正确? 答案是肯定的, 我们认为本书需要帮助国家研讨网络战的问题。首先没有一个管理机构来确定我们应该使用什么样的定义, 所以这个定义通常是基于当事人的角度的。政府、金融公司、互联网服务商、跨国企业,以及带有特殊目的的机构和律师都会给出不同的答案。

2.1.2 赛博战战术和行动的动机

动机和时间一样古老。无论是个人还是国家,它归结为权力/贪婪与自我保护/国家防御。传统上,动机是出于对有限资源的控制。但是今天,网络力量并不是由资源决定的,而是取决于节点的数量,这些节点代表着信息的力量或影响力。因此,赛博战的实质是控制网络上的信息力量,这些信息包括私有信息,涉密网络,社交网络中的交际圈、应用、客户数据或者关键基础设施网络。总之,网络化程度越高,其蕴含的价值就越高。

如今关键基础设施网络已经广泛应用于指挥控制系统、后勤管理、人员规划和训练保障,也是支撑情报能力的中坚力量,所以它已经成为赛博攻击的重点目标。更为重要的是,绝大多数指挥控制系统和武器系统本身与全球信息栅格 (GIG) 相连,或者嵌入了计算机芯片。飞机已经成为收发目标信息的飞行路由器。防空火力系统由计算机系统引导,它们发射的智能武器炸弹可以通过不断更新的全球定位系统 (GPS) 提供的信息改变飞行路线。情报、监视和侦察 (ISR) 系统所面临的挑战是如何从所搜集的海量信息中提取出关键数据。现在的步兵分队配置了通信工具、GPS 跟踪设备、相机和夜视装备。计算机芯片普遍存在,并且已经成为美国的重心之一。这对美国而言是一把双刃剑,如果失去 GPS 卫星,将大大削弱我们的力量。

> **注意:** 战争的战术层面是指用于实现军事目标的单场战斗,这些战斗被分配到战术单位或特遣部队执行。在陆军中,战术行动通常是由旅/团级单位完成的。
>
> 战争的战役层面是指在一个战区或更大的作战区域内发生的多场战斗。这个层面的行动是联结战略和战术层面的纽带,需要通过一系列战术行动来形成战役行动,从而实现战略目标。这通常由联合特遣部队或师级部队完成。
>
> 战争的战略层面是指一个国家或国家联盟,通过使用武力和其他国家力量工具来达成国家政治目标。这通常由司令官或更高级别的指挥官控制。

当我们认真思考 "外行学战术,内行学后勤[6]"①的军事格言时,我们

---

① 关于这句军事格言的出处有多种争论。曾今有人认为这句名言出自 Omar Bradley 将军和美国海军陆战队总司令 Robert H. Barrow。也有人认为是出自拿破仑、von Moltke 和 Carl von Clausewitz。本书引用这条名言更多的是希望传达其信息本身。

就会很快明白后勤系统的重要性。当我们将军队部署到战区时, 我们的作战能力取决于军队、武器、装备以及能否在正确时间将供给运送到正确的位置。现在, 这些都由计算机进行计算和控制。敌人可以通过跟踪后勤系统中的操作来分析我们的作战意图和能力。如果他们能够修改操作和数据, 肯定会对我们的战斗力造成影响。

2.1.3 赛博策略和力量

当我们分析赛博这个虚拟世界时, 要遵循一些普遍原则。当确定军事策略时, 我们要考虑战争的基本原则。当我们评估作战计划时, 要评估作战目的、方法和手段。当我们分析国家力量资源时, 要权衡外交、信息、军事和经济因素, 即 DIME 因素。还有, 当我们探讨国家层面的手段时, 要综合考虑软硬件实力和灵活性。接下来我们将介绍这些是如何应用于赛博战中的。

美国的战争原则包括目标明确、进攻、集中、节约兵力、机动、统一指挥、安全、出其不意和简单[7]。当我们研讨赛博战时, 必须明确讨论的是互联网这个虚拟战场, 还是作为物理战场一部分的赛博冲突的固有属性。某些原则并不能简单轻易地用于虚拟战场, 但是它们可以成为现实战场战斗力的倍增器。当我们确定赛博策略时, 不能完全抛开累积数百年的条令和战术的内在价值, 而应基于我们所面临的新情况修正这些条令和战术。这一点与所有军事技术创新都一样, 技术创新引发了军事革命 (RMA)。在保护基础设施时, 拥有明确目标和具有奇袭性的有效行动计划仍然是成功的关键。我们看到的许多新闻报道表明, 防范赛博战并不容易, 所以先发制人仍是最佳选择 (这是军事上的表述方法, 忽略了必须解决的法律和政策挑战)。集中对于获取胜利有着重要影响, 今天的僵尸网络已经证实了这一点。由于耗损和地形的制约因素相对较小, 节约兵力和机动相对而言更难应用于赛博战场。

当构建一个战略框架, 以确定如何打败敌人的军事重心时, 通过分析目的、方法和手段来验证计划是非常重要的。"目的" 就是宗旨, 如使敌方的指挥控制系统拒绝服务; "方法" 就是贯彻执行战略的方式, 如计算机网络攻击或者全面信息战; "手段" 包括可用的资源, 如执行计划人员、装备和技术。当我们分析国家力量来源时, 我们更加关注 "手段"。所以, 当我们根据战争原则制定了作战计划后, 还需要使用目的、方法、手段来验证计划的可行性。

当评估国家力量来源时，我们需要分析外交、信息、军事和经济因素 (图 2.2)。外交通常指各国的官方沟通行为，可以通过诸如国务院、国家级计算机应急响应小组之类的组织，或如北约这样的条约组织，如 20 国财长和央行行长会议 (G20) 之类的经济团体或执法机构进行沟通。其次是信息，它是信息时代的关键资源。它涉及战略通信、新闻和大众媒体、国际舆论、社会媒体网站以及公开渠道情报 (OSINT)，包括搜集、分析和传播关于关键国家行动者的信息。军事是最后的政治选择，但是今天我们必须认识到这是全维的，从非常规战争、维和行动、人道主义援助、国家建设到最后的大规模作战行动。经济力来自贸易影响，如禁运和自由贸易区的刺激，如出售剩余国防部设备的直接援助。所有这些因素都可以用来影响赛博战中的行为。

图 2.2   影响赛博行动或是受其影响的国家力量工具

我们注意到，虽然国家力量工具组成的概念正在审查中，但关键的反叛乱条令手册 (FM3-24) 仍然将外交、信息、军事与经济作为分析国家力量组成的主要方面。其他的国家力量组成概念可以是 MIDLIFE(军事、情报、外交、执法、信息、金融和经济)，也可以是 ASCOPE(区域、结构、能力、组织、人民和事件)，还可以是 PMESII(政治、军事、经济、社会、信息和基础设施)[8]。

注意: 美国军方有六类情报 (INT) 用来管理情报整编，分别是公开渠道情报 (OSINT)、信号情报 (SIGINT)、图像情报 (IMINT)、人工情报 (HUMINT)、技术情报 (TECHINT) 以及测量与署名情报 (MASINT)。上述信息都被融入全源分析。

2.1.4 赛博军控

近年来关于赛博战的热门话题是军控或者威慑。与之类似的是冷战时期,每个人都知道应极力避免核战争,因为它会导致双方确保毁灭 (MAD),因此,拥有核武器研发能力的少数几个国家共同致力于避免核战争的爆发。进入"核武俱乐部"的门槛是非常高的,并且那些核俱乐部成员都致力于不让其他任何国家进入。一旦双方都有能力去毁灭对方很多次时,双方都将确信这是一个取胜无望,两败俱伤的局面,这对于控制核武器是有效的。同理,如果我们能够使赛博攻击成本高昂,或者后果极其严重,那么就没有人愿意使用它了。随着一系列国际公约的制定,核战争的威胁越来越低了,但是双方确保毁灭是一个极端的情况,并不能很好地适用于赛博战。

另一个类似情况就是生物武器国际公约。这个问题更加接近赛博战,因为它们都是更容易获取到的武器。如果某人释放出生物武器,使用者和被攻击方都可能成为受害者,并且一旦释放就是不可控制的,正是因为生物武器如此危险,所以许多国家都同意不研发生物武器。计算机病毒具有这种特性,针对某个国家使用的病毒一旦被对方掌握,他们就将以其人之道还治其人之身。但面临两个挑战:一个挑战是验证,追踪所有能够研发具有这种破坏能力的病毒的人是不可能的。

通常来讲,军控针对的是大规模杀伤性武器 (WMD),而赛博武器的"大规模杀伤性"更多地体现为大规模破坏性,而目前尚无法准确计算赛博战带来的损失。赛博攻击几乎不会直接导致死亡,但是能够通过瘫痪相关服务导致财产和经济损失,甚至是威胁国家安全。但这并不代表赛博武器没有造成伤亡的可能性,因为恐怖分子正在考虑应用赛博武器来伤害民众的生命,当然目前还没有案例发生。《赛博政策综述》指出,经业界评估2008 年由于知识产权和数据窃取导致的损失高达一万亿美元[9]。但大部分人依然觉得这很难证明正在不断发展的赛博武器可以和那些导致大规模伤亡的武器相提并论。而与之相反的观点认为,鉴于如此多的关键基础设施依赖于互联网,而互联网的瘫痪将危及国家安全。

2.2 赛博战争 (炒作还是现实)

赛博战争是炒作还是现实?答案取决于赛博战的定义。迄今为止,没有一个国家宣布进行了赛博战。虽然很多政府已经谈到赛博活动,但均未表示遭受到赛博战。有两起经常被谈论的事件分别是 2007 年针对爱沙尼亚的赛博攻击和 2008 年针对格鲁吉亚的集成了赛博和动能的攻击。这些都涉及了国家层面和军事行动 (爱沙尼亚把此事递呈北大西洋公约组织理事会, 以寻求该组织的专家帮助恢复系统)。除此之外, 还有很多其他的事件被界定为犯罪行为。这种趋势很容易让人联想到美国对恐怖主义的定义, 起初, 美国恐怖主义事件数量很低, 因为对恐怖主义犯罪的界定范围有限。而在俄克拉荷马州的爆炸案和 9.11 事件之后, 美国根据新的形势重新界定了恐怖主义, 由此恐怖事件的数量飙升。

当前, 为了保持互联网的高速发展, 要求其必须是非常公正并且广泛开放的, 而这导致很多安全漏洞被嵌入到系统之中。今天, 我们如此依赖互联网, 所以对它的安全性提出了很高的要求, 并且将之提升到了国家安全的层面。那些不喜欢赛博战这一术语的人觉得夸大了其可能带来的危险, 赛博珍珠港和赛博 9.11 事件都是无稽之谈。他们觉得政府是在利用民众的恐惧心理来促成在赛博防护方面投入更多的经费, 并且侵犯我们的隐私权。

在 "智慧广场"(IQ2US) 发起的一次辩论中, 四位著名的赛博专家探讨了 "赛博战威胁已经被严重夸大" 的问题。Marc Rotenberg 和 Bruce Schneier 持确实被夸大的观点, 而副海军上将 (已退役) John M. McConnell 和哈佛大学法学院教授 Jonathan Zittrain 则表示我们正处于赛博战中。辩论前后的观众投票结果是, 辩论前 24% 同意, 54% 反对, 22% 犹豫不决; 辩论后 23% 同意, 71% 反对, 6% 犹豫不决。绝大多数犹豫不决的人最后都倾向于相信赛博战的威胁是真实存在的[10]。

2.3　赛博战的边界

我们所说的战场空间是什么意思呢? 美国军方将其定义为: "用来表示对军事力量进行集中整合以在陆、海、空、信息及太空等战区实现目标的统一军事策略的术语。战场空间包括成功运用战力、保护军队或完成任务所必须掌握的环境、要素和条件, 这包括敌 (友) 方部队、基础设施、天气、地形及作战域中的电磁频谱和其他关注领域[11]。" 在赛博空间中, 战场空间包括网络、计算机、硬件 (涵盖嵌入式武器系统)、软件 (商业和政府开发)、应用程序 (如指挥控制系统)、协议、移动设备和这些设备的使用者。

2.3.1 纵深防御

赛博安全纵深防御旨在网络外围建立一道防护墙。这道防护墙必须能够针对各种内部的以及能贯穿于内外的移动设备的威胁进行加强防御,但这仅仅是逻辑网络架构的常规做法。在最低层级上,个人家庭网络由本地互联网服务商 (ISP) 路由接入;而在国家网络层级,如中国国家网络则有中国长城防火墙保护。美国政府网络的几百个访问点都受到国土安全部的监控,而政府下属的各部门如国防部、能源部、国务院及财政部的网络都有专门的安全架构。网络的防御等级取决于对风险的认知程度以及将利润重新投资到网络安全领域的意愿。可以看出,防御措施主要取决于经济实力而非军事力量,这些需保护的网络都在赛博战的范围内。

> **注意:** 美国关键基础领域包括: 农业和食品、银行和金融、化工、商业企业设施、通信、关键制造业、水坝、国防工业基地、应急服务、能源、政府设施、医疗保健和公共卫生、信息技术、国家历史文物和象征、核反应堆、原料和废料、邮政和海运、运输系统和水利。注意,这些基础设施绝大多数属于独立的私营部门,政府对其的控制程度因部门而异。

2.3.2 计算机控制的基础设施

物理基础设施包括电力、后备发电机、暖通空调 (HVAC)、电涌控制系统、连接设备 (架设电缆)、硬件、软件和人。物理系统极易被监视、损毁、破坏和攻击。这些基础设施大部分是由工业控制系统 (ICS) 通常被称为数据采集与监控系统 (SCADA) 程序所控制,它们很容易遭到黑客攻击或拒绝服务攻击。SCADA 是 ICS 的一个子集,但通常对二者不做区分。前文并未考虑潜在的环境威胁因素的影响。如果不能实施动能攻击或侵入系统,那么可以考虑攻击湿件①,攻击用户要比攻击设备容易得多,因此可通过许多物理攻击方式来达到预期的效果。

2.3.3 组织概况

组织可以分为商业组织 (包括关键基础设施) 和政府 (一般分成联邦机构和军事机构)。不同的组织处理赛博安全问题的手段各不相同。商业公司受市场驱动,会支出适当的资金用于风险管理。这些公司必须基于投

---

① 湿件 (Wetware) 是黑客对人的俚语称呼。

资回报率 (ROI) 来做出决策, 这就导致了首席财务官 (CFO) 和首席信息官 (CIO) 之间长期存在分歧。如今很多 CIO 使用年度预期损失来计算安全投资回报率 (漏洞 × 威胁 × 资产价值 = 总风险, 总风险 × 对策 = 余值风险)。这可以用下面的例子来解释: 受到病毒攻击的概率是 100% (事实上 1 天 1 次), 所造成的损失是失去 3 小时的生产力和 1 小时的 IT 维护 × 雇员总数 = 365 个病毒 × 450 美元/劳力 ×200 个人 =3,285,000 美元; 或者花 40 美元为每个系统都安装杀毒软件共需 8000 美元, 从而将风险降低至可接受的水平。如今在政府组织中, 为节约预算开支, 这些模型或计算方法正越来越多地被军事部门所使用。

美国国防部有一个非常复杂的分层级的权力结构。除了给予赛博司令部 (CYBERCOM) 支持外, 各军种 (陆军、空军、海军和海军陆战队) 仍然有自己的权力和预算来决定怎样实现赛博安全。这些军种下属单位的网络都单独命名, 如国防信息系统局 (DISA) 运行的是全球信息栅格 (GIG), 空军运行的网络称为指挥控制星座网, 陆军有陆战网, 海军有力量网。

在信息和网络上也有不同安全级别的划分。美国国防部使用的安全级别是: 非密级、仅供官方使用 (FOUO)、秘密级、绝密级和专用访问程序/专用访问需求 (SAP/SAR)。相关的网络是: 非密 IP 路由网 (NIPR) 对应非密级; 保密 IP 路由网 (SIPR) 对应秘密级; 联合全球情报通信系统 (JWICS) 对应绝密级。除此之外, 还有单独用于研究的网络如国防研究和工程网 (DREN)。最后, 部署的部队在战场上建立他们自己的网络, 与许多 "溯源" 网络建立连接, 也可通过多国军队网与同盟国建立连接。例如, 如果部署到阿富汗的来自卡森堡的作战单元要在国家或战场上建立网络, 他们需要连回卡森堡的网络以及与他们组队的其他国际部队的网络, 以获取网络资源。由于拥有 6 到 12 个代表不同网络的终端战术作战中心 (TOC) 并不少见, 因此, 易知没有一条明确的网络指挥链支持国防部的网络。

与计算机网络同样重要的是, 军事机构并未包括现代虚拟战场的全部范围。当今, 部队的指挥控制数字化改造已经完成; 武器系统连接到网络上并严重依赖于计算能力, 情报优势作为我们赢得现代战争所需的关键能力也完全取决于计算机应用程序。在一次军事演练中, 一名年轻的空军飞行员被问及如果网络瘫痪了会发生什么事? 他表示他们会被迫终止飞行。当然现实并非如此, 早在计算机被用于指挥控制领域之前, 前数字时代的先驱们就已经执行过相似的飞行模拟任务, 但这一代飞行员对于网络的理解和依赖程度却是令人吃惊的。注意: 失去 TOC 网络会对与目前 "信息优势" 系统相同迅速的命令处理能力产生巨大的影响。

当我们谈到赛博司令部和各军种 (陆军、海军、空军和海军陆战队) 时, 一定要牢记: 各军兵种是赛博战的执行机构, 负责军事训练, 武器装备调配, 下达作战命令, 执行作战任务。战略司令部 (STRATCOM) 的任务就是要 "确保美国在太空和赛博空间中的行动自由"[12]。而赛博司令部的任务是 "计划、协调、集成、同步、实施活动来指导特定国防部信息网络的运作和防御, 并准备 (在受指示的情况下) 实施全频谱军事赛博空间作战, 以确保各领域的活动都能进行及美军或联军在赛博空间中的行动自由, 并限制敌方的行动自由"[12]。每个军种都有赛博单位为赛博司令部提供支持, 空军的赛博分队是第 24 航空队, 陆军有陆军赛博分队, 海军有第 10 舰队, 海军陆战队有海军陆战队赛博部队。与这些部队紧密相关的是情报部门, 特别是国家安全局。每个组织的任务不同, 优先级是不同的。

美国国家规范为这些单位如何运作设置了规则, 这点非常重要。有很多主题提供了专门的规范[8]。主题 10 是关于武装部队如何进行战争的管理规范。主题 50 是关于战争和国家防御的, 大体上概括了情报和反情报的有关内容[9]。有意思的是有些单位作为赛博司令部组成的一部分, 它们的授权任务从原本的主题 50 转到了主题 10。主题 18 是关于犯罪和刑事诉讼程序的, 其中包括了对攻击团伙提起诉讼的内容[10]。现在一些人认为有必要把这三项合成一个完整的过程 (有时称为主题 78)。经常被使用的还有关于国家防卫的主题 32 和关于海岸防卫的主题 14[11]。这些军队并不受如 Posse Comitatus 法案 (限制联邦政府把部队用于执法) 的限制。现在我们看到联合作战中心的部队来自多个 "主题源" 或 "军队", 允许他们基于各自必须遵守的不同规则有效作战。

2.4 赛博在作战域中的定位

历史上曾经只有两种作战域: 陆地和海洋。陆地只是作战的区域。随着时间的推移, 武器也随之发展, 它给某一方带来了优势, 但是作战双方在战场上是面对面作战的。海洋既是一个单独的作战域, 也是陆地域的一部分。海域[12] 包括海洋、海湾、江河口、岛屿、海岸区及这些区域的领空, 也包括沿海地区。沿海地区有两个作战环境: 临海地区, 从广阔海域到岸上区域, 要支持登陆作战必须要控制它; 近陆地区, 从海岸到内陆地区, 可直接从海上得到支持和防御。战舰作战既要争夺海权也要支持陆地作战。随着技术继续对战争产生影响, 飞机开始在战场上得到使用。领空指大气层以内，从地球表面开始，延伸至对作战影响可以忽略不计的高度[13]。第一架飞机用于侦察，但很快就被武装起来加入空对空和空对地作战。其后战争延伸到外层空间。外层空间是对应于空域的环境，包括地球上的电离层、磁层、行星际空间和太阳大气[14]。其中电磁辐射、带电粒子、电磁场是主要的影响物质。这是个独特的领域，因为它常常被其他领域所利用，而不是其本身作为战场领域 (尽管从某些点来说，它会成为另一个战场前线)。最后，赛博空间对作战人员来说是至关重要的，所以它被称为一个域。在信息环境中它是一个全球域，由相互依赖的信息技术基础设施网络组成，包括互联网、电信网、计算机系统、嵌入式处理器和控制器[15]。现代指挥官依赖它并积极地研究如何打赢下一场赛博空间的战争。

2.4.1 陆战域

当我们回顾陆地战争的发展过程时，会发现许多军事变革 (RMA)。石器让位给棍棒，而棍棒接着又被矛和弓取代。骑兵比步兵有优势，而马镫的发明又极大地加强了这一优势。枪炮提高了军队双方的死亡率，同时也提高了有效杀伤距离。接着出现了坦克和机枪。每一次军事变革都改变了军队的作战方式，新的条令、战术和组织结构也随之变化。我们应当把新武器配备到每个部队还是建立一支专门的机枪／坦克部队？ 当时的决定是坦克部队应当只由坦克构成，而机枪应配备到每个部队。把坦克组建成一个单独的坦克部队的思想已经被现在完全否决。坦克通常配备到步兵团以形成 "联合兵种作战"，这样指挥官能够发挥所有部队的优点。我们必须要研究这些历史变革的教训，从而在赛博空间中找到最有效的作战方法。

2.4.2 海战域

在很多方面，海洋是与赛博空间类似的战场。像赛博空间一样，它是一片广阔的区域。船只可以很容易地在海洋中航行而不被发现，所以防御者面临的挑战是如何从广阔的区域检测到威胁所在。没有哪一方能完全控制海洋。在互联网上活动的犯罪分子就如同旧时海盗会阻碍和影响海上贸易航线一样。而最终在国际上会就如何处理这些威胁达成一致的协议。海军的另一个重要案例就是航空母舰的发展。多年来战列舰一直是一个国家海上力量强弱的衡量手段，但航空母舰的出现导致了这项评判标准的变化，而且很快，战略、战术和条令条例都基于航空母舰建立起来。大多数高级军官的军事生涯都是与战列舰息息相关的，而国防工业基地也花了重金投资在战列舰上，所以他们强烈抵制这种转变。他们拒绝看到基于这个新事物的转变带来的需要。这种文化的盲目性也影响到现在的一些组织向计算机网络作战的转型。在战术层，即使某个行业和作战空间已经发生了转变和进化，很多安全专家仍然依赖过时的技术来制定策略。他们仍然关注于战线防御，而忽视他们人员所使用的移动设备。高层领导对技术及其在一些组织中的意义缺乏理解，而这正阻碍了下一代作战理论的开发。

2.4.3 空战域

空中力量类似于赛博力量，因为这是一个由技术进步主导的领域。在早期，就有一些高层领导制定了相应的战略、战术和条令条例。意大利的 Giulio Douhet 将军是第一批支持使用空中力量的真正的理论家之一[16]。他认为轰炸机是没法防御的，它可以威吓民众迫使其投降。他还鼓吹对人口密集地区投放炸药、燃烧弹和毒气弹，因为他认为既然每个人都会对整个战争有所作用，那么每个人都理应成为一个作战目标。Giulio Douhet 将军由于直言不讳其非人道的做法而被送上军事法庭。

2.4.4 太空域

太空是完全可与赛博空间相比的，它通常被认为是其他域的赋能器。它为大多数长距离通信系统，指挥控制系统，情报监视和侦察，基于全球定位系统的导航、电话、无线电、电视、金融交易、广域侦察监视，天气、地图和商业成像 (如谷歌地图) 提供了通信信道。George C. Marshall 学院发表了一系列名为 "没有太空的日子" 的著作，其中列举了所有的影响。太空域提供了一些很好的例子来说明如何把新技术配备到军队。起初，太空是作为军事主导的领域，随后转变为类似于赛博作战的商业市场。它作为技术集成到其他领域，并且集成度很高，以至于其他领域要依赖于它。太空是一个需要独特技术的领域，所以对在该领域工作的人员的管理是具有挑战性的。新兴技术领域的领军人才队伍的培养需要相当长的时间，并且随着商业需求的增长，人才的竞争也变得愈发激烈，因此，在赛博空间相关领域很难保留 "熟练工"。

2.4.5 赛博域

如今赛博存在于其他现代领域的每个角落。空军作战信息长官 Lt. Gen. William T. Lord 曾说过 "我想如果没有赛博，我们会倒退至第一次世界大战的年代[16]。" 当我们谈到赛博域时, 有人会说它仅限于支撑军事网运行的硬件 (如计算机、路由器、防火墙), 另一些人会说它就是军事网络和对其起支持作用的基础资源 (即国防承包商和长距离通信供应商), 还有一些人认为它是所有的政府系统, 而其他人认为它是所有连接至互联网的系统 (包括所有私有的系统和政府系统)。这些答案有些过于简单或虽然符合现在的法律规定但忽视了如何把这些系统互联的事实。如果我们寻找类似领域的规范先例, 我们发现可以使用海事法或应用国际空间条约, 或者我们也可以独立开发赛博方面的法律法规。这个问题是复杂的, 就像要在叛乱冲突中划定界线, 不同的人可能需要不同的答案。这个领域需要理论家、战略、条令条例和战术来定义赛博域和赛博战本身应包括什么, 摒弃什么。

2.5 本章小结

我们研究了如何将赛博战和陆、海、空、天这些传统的作战域相联系起来, 还有我们欲将赛博战发展为作战域时可从传统的作战域中学到的经验。很多美国公民都会认为美国的最后一次战争是第二次世界大战。还有些人认为是朝鲜战争和越南战争, 但是反对的人会从技术上把它们归为警察行动。如果朝鲜战争是一场战争, 那么我们仍然处于与朝鲜的战争中, 很多仍然驻守在韩国与朝鲜之间的非军事区 (DMZ) 的战士会同意这种观点。几任总统曾经公开谈论冷战, 但却从未宣布它是一场 "战争"。美国宣布过 "反毒品战" 和 "反恐战", 但这不是一场针对另一个国家的战争, 而是某个问题已经达到了成为国家安全层面的问题。如果这是我们衡量战争的标准, 那么我们可能经历过纯粹的赛博战。我们在中东 (伊拉克两次, 阿富汗一次) 有很多作战行动, 但这些并没有被正式宣布为战争, 有些人会说这些是 "反恐战" 的一部分。美国最后一次经历的正式战争是第二次世界大战。这些是非常传统的战争, 如果以此作为衡量一场战争的标准, 那么就没有所谓的赛博战。然而, 战争的概念正在改变。

如今, 因特网与电影中所描述的西部荒野非常类似。在电影中, 人们不得不应对印第安人的攻击、墨西哥的土匪、恶劣的天气以及来自我们社会的罪犯以及墨西哥军队的入侵。印第安人的攻击采取的是游击战; 土匪是非国家行为者, 但是有可能得到他们所在国家的非正式支持; 天气等同于环境的影响, 在系统中制造了干扰, 使得事物变得不可预测; 犯罪行为恶化到可能威胁社会时，就可能需要州或联邦政府的援助；军事入侵是一场全面战争，要求举国之力加以应对。以上任何一种情况都有可能把我们一网打尽，这取决于政治家们如何选择及应对，可以求助于当地警长，也可以派遣美国陆军突击队员。因此，对于我们是否处于赛博战这个问题的答案很简单："我们不在乎怎么称呼它，只要给予我们一些帮助就行。"

参考文献

[1] Defense, Secretary of DoD Publications [online]. <http://www.dtic.mil/ doc-trine/new_pubs/jp3_13.pdf>.

[2] Defense, Secretary of DoD Publications [online]. <http://www.dod.mil/ pubs/foi/joint_staff/jointStaff_jointOperations/ 07-F-2105doc1.pdf>.

[3] Nations, United. UN terms [online, cited August 17, 2010]. <http://unterm. un.org/dgaacs/unterm.nsf/375b4cb457d6e2cc85256b260070ed33/$searchForm? SearchView>.

[4] Bassford C. The Clausewitz homepage. On war [document on the Internet, cited August 30, 2010]. <http://www. clausewitz.com/readings/OnWar1873/ TOC.htm>.

[5] Sun Tzu on the art of war [document on the Internet, cited August 17, 2010]. <http://www.chinapage.com/sunzi-e.html>.

[6] Wright Donald P, Reese Colonel Timothy R. On Point II: transition to the new campaign the United States Army in Operation Iraqi Free-dom May 2003–January 2005. Part IV: Sustaining the campaign Chapter 12 logistics and combat service support operations [online, cited August 21, 2010]. <http://www.globalsecurity.org/military/library/report/2008/ onpoint/chap12.htm>.

[7] Joint Doctrine Division, J-7, Joint Staff. DOD Dictionary of Military and Associated Terms [document on the Internet, cited August 30, 2010]. <http://www.dtic.mil/doctrine/dod_dictionary/index.html>.

[8] Kem Colonel (Retired) Jack D. Understanding the operational environ-ment: the expansion of DIME [online, cited August 21, 2010]. <http://www. thefreelibrary.com/Understanding+the+operational+environment%3A+the+ expansion+of+DIME. -a0213693824>.

[9] Securing our digital future. The White House blog. Washington, DC [docu-ment on the Internet, cited August 17, 2010]. <http://www.whitehouse.gov/ CyberReview/>.

[10] IQ2US, Intelligence Squared US Debate–"The cyber war threat has been grossly exaggerated." Washington DC, USA: s.n.; June 8, 2010. <http:// intelligencesquaredus.org/index.php/past-debates/cyber-war-threat-has-been-grossly-exaggerated/>.

[11] Congress. US House [online, cited September 7, 2010]. <http://uscode.house. gov/>.

[12] DoD. STRATCOM. Strategic command [online, cited September 7, 2010]. <http://www.stratcom.mil/>.

[13] DoD. Joint Electronic Library [online, cited September 7, 2010]. <http:// www.dtic.mil/doctrine/>.

[14] Dictionary of Military and associated terms. DoD [online, cited August 30, 2010]. <http://www.dtic.mil/doctrine/ dod_dictionary/index.html>.

[15] Air force historical studies page. Out of print [online, cited: September 7, 2010]. <http://www.airforcehistory.hq.af.mil/ Publications/fulltext/ command_of_the_air.pdf>.

[16] Grant Rebecca. Battling the Phantom menace. airforce-magazine.com [online]. <http://www.airforce-magazine.com/MagazineArchive/Pages/2010/ April%202010/0410menace.aspx>.

第3章

赛博条令

本章要点:
- 美国当前的赛博条令
- 世界其他国家的赛博条令/策略实例
- 赛博战可借鉴的传统军事原则

条令是指导军事力量或军事要素的行动以支持国家目标的基本原则。它具有权威性,但需要在具体情况下灵活使用[1]。它是军队制定计划的指南,受传统的影响,指导战术技术和程序 (TTPs)。我们将讨论现存的条令,需要被翻译到赛博空间的条令,现存非军事机构的相邻指导,以及为完善条令正在做的努力。

3.1 美国当前的赛博条令

美国军方至今还没有对赛博战下一个明确的定义。这项能力随着时间的推移曾经被称之为计算机安全、信息安全 (InfoSec)、网络中心战、信息保障 (IA)、信息战、赛博安全,直到现在才被称为赛博战。这些术语通常关注于防御,而今天当军事谋划者使用赛博这个术语的时候通常也包含攻击的含义。赛博通常被理解为计算机网络行动 (CNO)。CNO 有三项功能: 计算机网络利用 (CNE),计算机网络攻击 (CNA),计算机网络防御 (CND)。这些功能对应于传统学术上的术语:CNE 并不是程序员所思考的程序开发过程,更像是"侦察"或"间谍活动",第 5 章将对此进行讨论; CNA 是攻击,也将在第 5 章中讨论; CND 是防御行动,将在第 7 章中详细论述。

CNO 在信息战 (IO) 范畴内,信息战体系如图 3.1 所示。CNO 和 IA

这两个领域有重叠。CNO 由图中列出的三项功能所定义，而 IA 被定义为保护信息和信息系统的手段，通过确保其可用性、完整性、机密性、可控性和不可否认性来达到保护和防御的目的。同时还包括通过联合保护、检测和响应能力提供信息系统修复服务。所以我们可以认为 IA 构建和维护网络，而 CNO 是在此基础上计划并作战的，这非常像装甲营维护坦克和使用坦克作战之间的区别。

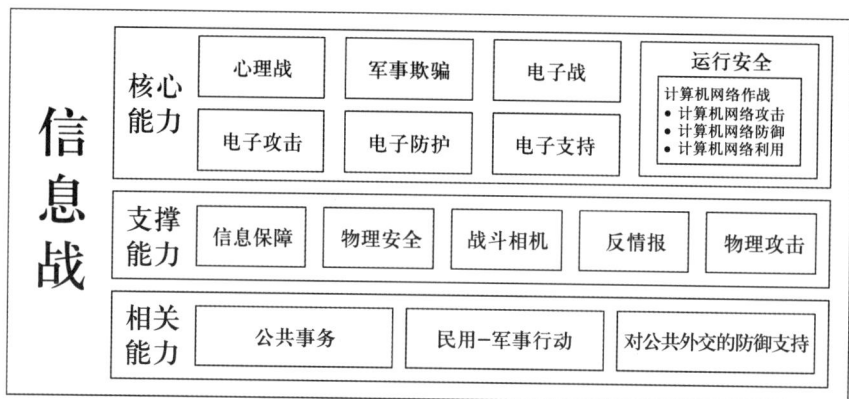

图 3.1　信息战体系

现在赛博条令如何发展的问题引起了一些关注。关于赛博条令的关键联合出版物 (JP3-13) 已经在 2006 年出版。通常，条令的更新并不那么及时，所以当有这样环境使其满足摩尔定律 (每 18 个月增加一倍) 时，就带来了条令快速过时的问题。另一个潜在的问题是军队没有使用相同的术语，陆军和空军对信息战有不同的定义。此外，太多的条令分级分类也是一个问题，这导致不同团队访问不同信息，并基于他们能够访问到的信息做出决策。最后，对赛博战作为战争行动组成部分的重要性的基本态度存在分歧，一些领导者相信赛博空间只是对行政活动起支持作用，另一些则认为赛博空间已渗透到当今世界的方方面面，从指挥控制系统到武器系统，它是国家核心竞争力的关键 (分歧常常产生于技术支持者和技术反对者之间)。

3.1.1　美军

2011 年 5 月白宫公布了它对赛博空间的国际策略: 专注于繁荣、安全和开放的网络世界。"美国将实施一个国际赛博空间策略来引发革新，从而带动经济, 改善国内外民众的生活。开展这一工作, 不仅仅是为了美国外交, 更重要的是着眼于互联网自身的发展。聚焦信息和隐私的安全[2]。"它由几个关键目标构成一个整体目标:

- 目标: 美国将在国际上致力于提供一个开放、相互协调、安全和可信赖的信息和交流基础设施来支持国际贸易, 加强国际安全, 以及培养自由的表达和革新。为达到该目标, 美国将创建和维护这样一个环境, 通过负责任的行动标准指导国家行动、维持相互合作关系、支持赛博空间行为准则。
- 外交行动: 美国将致力于促成在国际环境中达成共识, 那就是国家间承认一个开放、相互协助、安全可信的赛博空间的内在价值, 并为之共同努力, 同时各国应对自身的赛博空间行为负责。
- 防御行动: 美国将和其他国家一道, 鼓励负责任的赛博空间行为, 反对试图扰乱网络和系统的恶意行为, 并保留必要的和恰当的权利去防御那些极为重要的国家资产。

美国国防部在 2011 年 7 月发布赛博空间行动战略, 公布了如下提案:

- 战略举措 1: 将赛博空间作为一个可操作的领域来组织、训练和装备, 这样国防部就可以充分利用赛博空间的潜力。
- 战略举措 2: 使用新的防御操作概念来保护国防部的网络和系统。
- 战略举措 3: 跟美国其他政府部门、专业部门和私人部门合作, 确保全体政府赛博空间安全策略有效。
- 战略举措 4: 同美国协约国和国际伙伴建立牢固的关系来共同加强赛博安全。
- 战略举措 5: 通过杰出的赛博团队和快速的技术革新推动国家的独创性。

美国赛博司令部负责赛博空间的作战。美国国防部长在 2009 年 6 月 23 日签署了一份备忘录, 建立了这一新的司令部[3]。Gen. Keith Alexander 将军是首任司令官, 在其向国会发表的声明中说, "我们所防御的国防部网络大约每小时被探测 25 万次[3]。" 同时举例说, 到 2006 年国防部确定有 10~20 TB 数据从 NIPRNet 被远程窃取[3]。然后, 他引用了副部长 William Lynn 最近的发言, 赛博司令部的关键是 "情报, 进攻和防守的一体化"[3]。美国国家安全局 (NSA) 提供必要的专业技术支持来实现一体化。Gen. Alexander 将军说:"美国赛博司令部有三个作战主线, 即指挥全球信息栅格的作战和防御, 以便国防部能够履行其使命, 已经准备好执行全频谱赛博作战命令, 并且时刻准备保卫国家在赛博空间的行动自由[3]。"

为实现国防部在赛博空间的战略,赛博司令部将遵循五项原则: 赛博空间是一个可防御的区域; 实施主动防御; 扩展对关键基础设施的保护; 促进共同防御; 利用美国的技术优势[4]。最高等级命令聚焦于将赛博理论和政策应用于军事指挥, 显示了领导层对这一新的作战领域的重视程度。原本还没有足够资金来做到这一点, 直到新的司令部赶上美国国防部项目目标备忘录 (POM) 预算周期, 可以重新分配资金, 现在他们已经促成了这件事情, 因为他们认为这对军队未来的成功很关键。图 3.2 中显示了美国政府需要协调的大量赛博中心。许多人认为赛博司令部是完成这项任务的最好选择, 但从学术上讲, 这项职责属于美国国土安全部。

图 3.2 赛博中心

虽然该命令已经下达, 但军用基础设施专家委员会新兴威胁和能力分委员会名誉主席 W. "Mac" Thornberry 对外宣称国防部尚未针对包括计算机网络攻击、计算机网络开发和分类基金在内的全谱赛博空间行动有一个总体预算评估。在 2011 年 2 月至 3 月期间, 美国国防部为国会 2012 年财政预算提供了三种不同的赛博安全预算评估意见 (分别是 23 亿美元, 28 亿美元, 32 亿美元), 包括了国防部赛博安全工作的不同要素[3]。这三个预算的意见主要是防御性的信息安全保障计划, 不包括所有的全谱赛博运营成本, 如计算机网络利用和计算机网络攻击。计算机网络利用和计算机网络攻击是通过国家情报和军事情报等保密项目资金资助的[5]。

> 对官方控制赛博空间理解的关键是资金, 这一点类似于政府的其他职能。一项新的命令或者总统指示没有资金的支持则像是故弄姿态而不是执行一项行动计划。给某人一个新的职位或者宣布一个新的委员会而没有一个财政预算, 则像是公共关系而不是解决问题。当我们关注某一活动时, 关键是看谁掌控了资源。

3.1.2 美国空军

美国第 24 航空队 Richard E. Webber 少将向国会报告, 对第 24 航空队而言, 应优先发展和完善赛博空间态势感知能力。航空队建立了赛博作战联络部 (COLE) 并设立联络官 (LNO), 以便在任务规划和赛博计划者之间进行必要的技术交流[6]。今天空军已经做出了最大的努力将赛博作战融入其武装力量, 他们是第一个用行动拥护赛博司令部的军种, 并积极尝试开展太空领域的条例和组织机构方面的研究课题, 并将其应用到赛博空间。

空军还公布了空军条令 51-402 21/7/2011, 以法规的形式实施武器和赛博战能力的审查, 该条令规定 "基于武装冲突法、国内法规和国际法规, 空军确保正在开发、购买、建造、修改或其他方式所有的武器, 在其投入冲突或其他军事行动之前, 由特别接入规程对其合法性进行审查。" 这一公开声明表明指挥官在部署赛博武器上所面临的挑战。这项适用于美国军方的指令基于美国法律 10 号标题准则, 情报机构的运作基于美国法律 50 号标题准则。

3.1.3 美国海军

美国海军也正在发展赛博战能力。同时担任信息优势海军作战部 (N2/ N6) 副部长和海军情报局 (DNI) 局长的 David Jack 中将在《信息优势和美国海军的赛博战视野》中指出: "海军的突出优势在 ISR、赛博战、指挥控制、信息和知识管理等领域, 当信息成为美国海军作战能力的主要动力时, 一体化作战将取代当前的烟囱式作战方式。海军作战方式将由平台中心战向信息中心战转变, 实现无人机自主技术, 建立一体化情报能力 C2, 赛博和网络能力集成。最后, 海军关注以下准则: 每个平台是一个传感器; 每个传感器都联网; 少建设, 多测试; 螺旋式的开发/采购; 即插即用的传感器负载; 降低船上/飞机上的人员配备; 向远程自动控制转变, 一个操作员控制多个平台; 强调无人机系统 (UAS) 和自主式平台[7]。" 这一系列准则的出发点是海军希望在能力部署上更快捷、更高效。海军回顾了他们的历史, 企图吸取第二次世界大战期间第 10 舰队处理新型潜艇威胁的经验教训, 通过采取相同的创新方法关注新技术是如何影响战场的。他们已经做出了一些艰难的选择, 例如重组工作人员的职能, 以提高效率, 以及通过 N2 (情报) 和 N6 (通信/网络) 的功能整合来构建信息优势。这些变化表明他们已经意识到赛博战的重要性和时间的紧迫性, 避免去打一场无准备的战争。

3.1.4   美国陆军

目前, 美国陆军已经正式着手赛博条令的开发工作。美国陆军训练和条令司令部 (TRADOC) 与陆军的各层领导负责协调赛博战概念的开发, 并于 2012 年 1 月发布了 "赛博空间作战概念能力计划"(CCP), 这项计划为陆军 2016—2028 年预期要实施的赛博作战制定了框架。在当前的作战环境中, 陆军关注赛博的三个维度: 心理意志的较量、战略约定和赛博电磁竞赛。赛博作战包括这些活动, 目的是在赛博电磁竞赛中占据优势、保持优势并使作战对手在赛博电磁竞赛中处于不利地位。赛博作战对他们而言不是最终目的, 而是作战支援行动的一个基本组成, 其包括和平时期一般军事行动, 着重关注的是赢得赛博电磁竞赛。赛博作战是连续的, 每天都在发生, 多数情况下不需要其他部队参与。因此, 陆军作战发展框架建立了赛博作战的四个组成部分: 赛博战、赛博网络行动 (CyNetOps)、赛博支持 (CyberSpt) 和赛博态势感知 (CyberSA)。图 3.3 给出了各个组成之间的相互关系[8]。陆军倾向于制定条令, 他们想通过军事院校对条令的教授来推动新条令的战场应用。这和其他军种注重于整编不一样, 陆军想通过再教育的方式实现其下属部队对于新作战环境的理解。

陆军也正在走出教室。陆军希望拥有在赛博空间作战的能力, 并部署新的赛博战武器库。陆军赛博司令部/第二军的 Lt. Gen. Rhett Hernandez 将军在巴尔的摩马里兰州召开的 Milcom 会议上说, 该计划是为了获得防御和攻击能力, 包括网络破坏评估管理工具, 并确保没有给非军事设施造赛博网络行动(CyNetOps)功能：
- 规划和设计网络
- 安装和运行网络
- 维护网络
- 管理内容
- 保护网络服务
- 保护网络
- 维护赛博态势感知(友军)

赛博战(CyberWar)功能：
- 收集和分析网络数据
- 研究和表征赛博威胁
- 追踪、瞄准和探测对手
- 提供赛博趋势、指示和警告
- 支持赛博态势感知
- 引导动态赛博防御(DcyD)
- 协助攻击调查以进行攻击归因

赛博态势感知(CyberSA)
友军赛博空间
敌军赛博空间
指定赛博空间

赛博网络行动的能力：
- 电磁频谱作战(CESO)
- 电子战(EW)
- 其他领域作战
- 情报

赛博支持的(CyberSpt)任务：
- 脆弱性评估
- 基于威胁的安全评估
- 漏洞/安全补救
- 逆向工程恶意软件
- 赛博方面的站点利用
- 反情报
- 赛博取证
- 执法
- 赛博研发、测试和评估(RDT&E)
- 赛博战斗开发和采购

赋能途径：
- 合作(公—私)
- 法律
- 策略
- 关键基础设施/重要资源(CIKR)

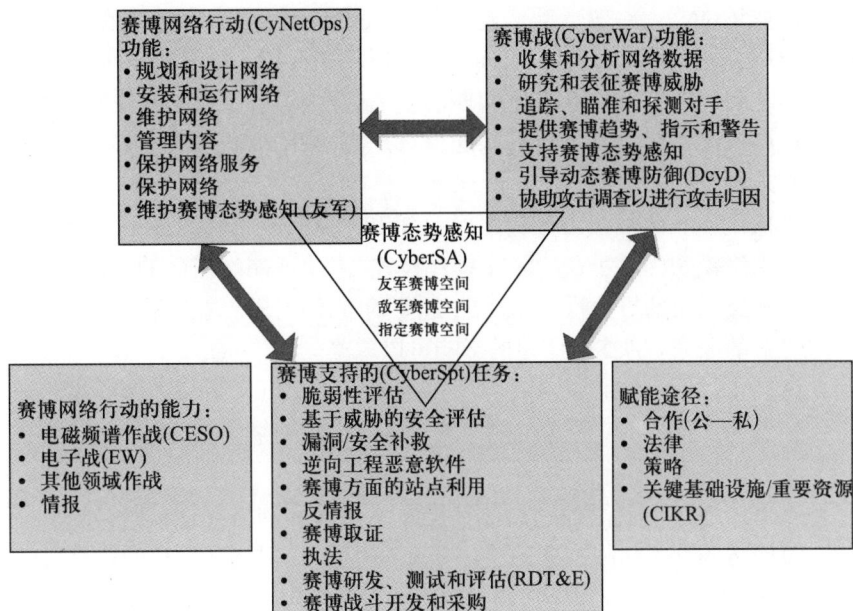

图 3.3　赛博网络作战基础构架

成损害。现场指挥官应该拥有"全范围赛博作战的能力"，包括"获取、保留和利用"敌人网络的能力。他说军队"寻求在赛博空间领域拥有和在本土相同的行动自由"。2010 年 10 月开始运作的网络司令部正处于起步阶段[9]。美国陆军的第一个专用计算机网络安全旅已开始运作，并已部署且支持统一作战活动。2008 年设想的第 780 军事情报旅，将利用现有能力实施组建，并计划于 2015 年全面形成作战能力。该旅的 Col. John Sweet 上校说："我们有远程打击的赛博能力，以协助陆军部队捍卫他们的网络。我们有一支队伍现在部署于阿富汗。他们将帮助旅级作战部队保护网络[10]。"这些在日常规划周期内的组织变化体现了高级军事领导人在根据快速发展的需求组建和部署赛博作战力量方面所做的努力。

3.1.5　美国国防部信息作战条件

美军条令中的信息作战条件 (Information Operations Condition, IN-FOCON) 系统规程[11]，作为国防部所属系统的行为指南，规定了军事网络在遭受攻击时必须采取的防御态势。信息作战条件根据所遭受攻击的严重程度分为五个等级。

- INFOCON 5 (一般活动)。这是信息系统和网络的一般准备就绪状态 (即 "常规" 网络运营 (NetOps)),可以长期保持。在正常操作条件下, 系统和网络管理员将创建并维持每一台服务器和工作站的快照。利用 这些快照作为正常运行的基准,可以与未来的变化进行比较,用以识 别未经授权的活动。

- INFOCON 4 (加强警戒程序)。系统和网络管理员将以某一正常的信 息网络镜像为基准确定一个操作模式,来验证网络当前的状态,并识 别未经授权的更改操作。此外,还要检查用户的配置文件和账户以及 隐藏的账户。对终端用户的影响可以忽略。

- INFOCON 3 (增强的准备程序)。系统和网络管理员将通过提高验证 信息网络及其相应配置的频率来进一步推动网络作战准备。对终端用 户的影响较小。

- INFOCON 2 (更高级别的准备程序)。系统和网络管理员将提高对信 息网络的网络作战准备的验证频率。短期内,对终端用户的影响可能 很大,但可以通过训练和调度来减轻影响。

- INFOCON 1 (最高级别的准备程序)。这是网络行动就绪的最高情况。 该级别处理在较低就绪级别上未被识别或阻止的入侵技术。在该等级 中,系统和网络管理员可以根据某一精确基准向关键基础服务器重载 操作系统软件。一旦基准比较不再显示异常活动,终止该等级。短期 内,对终端用户造成的影响可能是巨大的,但可以通过训练和调度来 减轻影响。

- 特制的准备程序 (TROs)。这是应对特定入侵特征的补充措施。其仅 仅关注和补充当前的 INFOCON 就绪级别。TRO 将会用标准语言记 录所有补充 INFOCON 的措施,以确保对就绪级别和每项措施造成的 任务影响有一个统一的认识。

有一些关于 INFOCON 的问题需要说明: 这些 INFOCONs 并没有定 期执行,且目前的 IT 人员能否执行该计划尚存疑问。不过这些反应指导 要比原来的好得多,原来的反应指导会导致组织在遭到攻击时彼此失去联 系,造成自我拒绝服务。任何本地指挥官都可以提高 INFOCON 级别,但 不能将级别降低到上级司令部设定的级别之下。最后,TRO 对特定威胁有 特定的反应,如闪盘上恶意软件的处理。美国国防部禁止使用闪盘,认为 不使用该设备造成的操作影响代价小于使用带来的安全威胁代价。

> **警告:** 当处理攻击和入侵问题时, 通常的反应是尽快恢复系统。而这种做法通常会销毁系统是如何被破坏的第一现场证据。如果我们在重载之前没有做出判断, 我们将不能阻止相同威胁再次发生。因此在系统恢复前的关键是, 确保我们有特殊程序脱机保存信息证据。

3.2　世界其他国家的赛博条令/策略实例

下面我们将对世界各国的赛博条令及战略做一个全面阐述。主要涉及中国和亚洲其他主要国家以及欧洲相关国家。俄罗斯作为赛博领域的重要"玩家", 其影响力主要体现在赛博犯罪方面而非赛博作战中, 因此在本书中不对其作单独分析。最后, 我们将关注私营或雇用组织的发展潜力。

3.2.1　中国赛博条令

早在 1999 年, 中国就制定了如何缩小与美国军事技术差距的相关条令。中国的某些资深战略制定者出版了一部《超限战》(Unrestricted Warfare)。从中可以看出中国对赛博战的见解十分深刻, 但是书中的某些表述也反映出不同的文化决定不同的赛博观, 如 "技术如同人类脚上的 '魔鞋', 在商业利益将弹簧紧紧卷绕之后, 人们被迫按照自己设定的节拍快速运转, 骑虎难下。"

中国台湾地区密切关注中国大陆的相关战略, 并发布了中国人民解放军最新赛博观的分析报告[13]。下面是一些相关概念:

- 高可控战争 (Highly Controlled War): 一种新的战争形式, 其直接目的是控制一个政权, 在拥有绝对军事优势的情况下, 通过有效整合政治、经济、外交及其他资源来控制战争规模、形式、手段和结果。
- 点穴战 (Acupuncture War): 确定赛博中的关键节点并予以打击, 从而达到瘫痪整个系统的目的。这有点像中国武术中的点穴。在定点打击中使用电子战手段使 "首次打击即为最终打击" (The first battle being the final battle) 成为可能。
- 战略信息战争 (Strategic Information War): 通过对政治、经济、军事、外交以及其他领域的整合从而形成整体的、综合的信息优势。战略信息战的目标包括国家政权、金融、通信以及其他要害部门, 甚至是诸如航母等的单一武器系统。

- 工作站 (Work Web Sites)：其具有远程学习能力和数据库，以满足对过去无法便捷使用的信息的快速访问。
- 无形战争 (Intangible War)：其主要关注战略、市场竞争、法律系统以及知识产权，还有其他西方不可忽视的重要领域。
- 网络作战力量 (Net Force)："大规模战争" 规划的一个崭新形式，其将高技术知识与政治、经济、心理、信息赛博相结合，形成了 "全民皆兵，平时和战时不分平战结合，军用和民用不分军民一体" 的态势。
- 外科手术式作战能力 (Surgical Warfare)：通过攻击高技术武器系统的脆弱点以取得最终胜利，即打击某一点以削弱整个系统。
- 空间作战能力 (Space Warfare)：其将触及中国的不对称作战能力 —— 破坏或销毁敌方空间系统的能力。

美中经济和安全审查委员会关于中华人民共和国处理赛博冲突和计算机赛博利用的报告指出："中国政府正在利用一个十年计划实施全面军事现代化工程，从根本上向形成打赢高技术战争能力转变。中国军队正利用不断提高的赛博化水平推动指挥层和末端武器之间的通信能力，现在其任务并不仅仅局限于紧盯中国台湾地区，而是向更广泛的区域防御态势发展。信息化是军队现代化的标志，军队现代化的主要指导原则是 '打赢信息化条件下的局部战争'，中国人民解放军不断尝试发展陆、海、空、天、电磁等作战域的协同军事行动的全面赛博化能力[14]。" 该报告反映了中国为应对现今不断发展的赛博战而加紧发展其赛博力量。

关于中国 2011 年军事和安全发展的国会年度报告指出中国发展赛博战能力的意图与权威的中国人民解放军军事著作中的表述是一致的。《战略学》和《战役学》这两本军事条令著作指出信息战是取得信息优势和对抗强大敌人的基础。虽然两本书都未明确指出利用计算机赛博攻击来对付敌人，但是都赞同发展计算机赛博攻击能力以提高这一领域的竞争力。

> **小贴士：**维基百科上的信息已经改变了内部威胁的模式。商业和政府组织正在重新看待内部信任。随着黑客闯入和将信息传入维基百科，记者可以轻易地获得内部人员交出的大量的数据，此时高级领导者应重新评估他们的内部保护和风险承担能力。

3.2.2 其他亚洲国家

日本已将其策略置于防卫省 (MOD) 自卫队国家信息安全中心 (NISC) 职权范围内。2005 年，随着赛博攻击的激增，NISC 得以成立。日本政府成立该机构是为了协调计算机防护网络。2009 年 2 月，日本政府通过了第二个国家信息安全 (NSIS) 战略 (2009—2011)。这个三年计划包括四个主题：中央和地方政府，关键基础设施，商业实体和个人。作为 NSIS 项目的一部分，日本政府通过了 "安全日本 2009" 计划，在该计划的 212 个政策项目中四分之一是为了改善中央和地方政府。在关键的基础设施和商业实体领域，私人企业作为其行动的主体，而日本政府仅提供支持[17]。日本的赛博条令着重关注政府安全，其力图确保国家不受赛博攻击威胁，并想要利用他们的军事能力使之得以实现。

韩国与朝鲜：韩国安全防御指挥部 (DSC) 和国防部 (MND) 宣称在 2009 年 12 月，黑客已访问了韩美两国共同制定的机密级军事计划。韩国对此事的反应是建立赛博战司令部，以保护其军事计算机系统，这项计划是 "国防改革 2020" 国防部战略的一部分[18]。同时，韩国成立了互联网安全局 (KISA)。

朝鲜方面，成立于 1998 年的 121 分队已经形成了赛博战能力。其使命是通过攻击和间谍活动加强朝鲜的非对称战争能力和赛博战能力，并提高其抗打击能力。该分队在平壤 Mirim 学院进行训练，每年的预算约为 5600 万美元[19]。朝鲜半岛的斗争仍在继续，这就让人很容易明白他们为什么会将战斗延伸到赛博空间。对于朝鲜而言赛博战具有天然的优势，因为他们不像大多数国家那么依赖于 IT 基础设施，但与此同时，缺乏计算机领域的工作人群也意味着朝鲜将有很长的路要走。

恐怖分子还没有正式发布的条令，但对欲攻击国家的赛博条令却非常感兴趣。了解一个国家对特殊攻击的反应是非常重要的，这样他们就可以事先制定计划以达成目标。恐怖分子也有一些本地开发的条令用于侦察、通信和互联网上的招募。最后需要指出的是，应当假设恐怖分子了解西方国家对于赛博的依赖程度，并积极寻求利用该弱点，但至今还没有看到他们关于如何达成此目标的计划。

3.2.3　欧洲国家

位于爱沙尼亚塔林的卓越联合赛博防御中心 (CCD COE) 正式成立于 2008 年 5 月 14 日，成立该中心的初衷是为了提高北大西洋公约组织 (NATO) 的赛博防御能力。中心受北约的全面委托，于 2008 年 10 月 28 日获得国际军事组织的身份。它的目的是通过教育、研究和发展、课程学习和咨询优势提高北约成员国及其合作伙伴在赛博防御时的信息共享能力和合作[20]。该中心的成立促成了北约各成员国赛博条令的一体化。在多国特遣部队作战时，有一些政治、法律、理论和技术问题必须解决。该机构历时数年开发了在现实世界中实现该目标的流程，现在正着手在虚拟世界中构建相同的功能。

英国同样在发展赛博战略和条令。《英国赛博安全战略 —— 赛博空间安全保障和应变能力》由英国赛博安全办公室和英国赛博安全运营中心于 2009 年 6 月发布。该文档中有这样一段话："关于'赛博战'可能承担什么这一问题，人们进行了持续和广泛的辩论。但他们达成了一点共识，即随着对赛博空间依赖度的增加，国防和信息系统的开发和防御对国家安全而言越来越重要。我们意识到发展军事和民用赛博能力的迫切需求，以确保我国及盟友能够抵御攻击，并在必要时对对手采取措施。进一步讲，这些对手包括因为间谍活动、不良影响甚至战争而产生的罪犯、恐怖分子和邪恶国家[21]。"这表明英国认为赛博战争很可能发生并积极为其开展准备工作，清楚地说明了英国将其作为国家安全来对待的态度。他们扩展了赛博战空间的范围，将犯罪和间谍活动包括进来，但又把它们与战争区别开来，这种包含关系显示了领域重叠是开发赛博条令的挑战之一。

法国政府发布了一份关于国防和国家安全的白皮书，赛博战作为其主要议题，白皮书给出了一个双管齐下的策略：一方面，开发赛博防御的新概念，由新成立的信息系统安全局深入组织协调，该局隶属于国防和国家安全总秘书处；另一方面，建立进攻性赛博战能力，其中一部分由联合参谋部负责，其余部分由各专业军种负责[22]。虽然这不是一项国家战略，但这份白皮书却清晰地表明了法国政府相信赛博战是一个军事问题，且为了应对该问题，他们需要在特殊军种部队下建立进攻性能力。法国政府遵循了大多数国家正在采用的模式：新成立一个独立的组织来处理赛博战。很少有国家尝试将这项能力集成到他们的传统军事力量中。这也是空间支持在集成到战场战术作战前所经历的发展模式。

捷克政府已经发布了他们的赛博安全战略 (2011—2015)。该战略指出："赛博安全政策的基本目标包括保护信息和通信系统及其技术 (以下简称"ICTs") 免受威胁，并缓解攻击 ICTs 所带来的潜在后果。实施、运行和保障安全可靠的信息和通信系统是捷克共和国的义务，也是各级政府、行政部门、私营部门和公众的责任。同时，利用数字化时代提供的有利机会，维持一个安全、可靠、可用和可信的环境。该战略关注的重点：无阻碍地访问服务、数据完整性、赛博空间的保密性，同时该战略应与其他相关的策略和概念保持一致。"值得一提的是，他们将一般公众也作为策略方案的一部分[23]。

3.2.4　私人或雇佣军

　　作为 George W. Bush 总统主政时期国家安全局和中央情报局的领导人, Gen. Michael Hayden 将军在 2011 年 8 月 1 日说: "在这个赛博战比物理战更常见的时代, 对私营部门而言可能很有必要放弃防御并专注于发展进攻。" Hayden 将军在科罗拉多州阿斯本安全论坛的一个小组讨论会上说, 联邦政府可能不是私营公司唯一的保护者, 而且已有先例。他指出: "我们不妨达成这样的共识, 那就是私营部门更积极主动地防御, 明确哪些行为是被允许的, 并禁止那些在物理空间的不恰当行为。" 同时, 他问道: "我们已经将物理空间的防御实现了私有化, 而目前在赛博空间这个新领域里我们期望政府有所作为, 但不幸的是政府目前还处于摸石头过河阶段。那么让我为诸位抛出一个防撞贴, '数字黑水公司' 这个提法如何?"[24]。黑水是一个私人军事承包商, 由于其在伊拉克冲突中的负面形象, 目前已更名为 Academic。如果此类公司聘请反击力量 (黑客) 或采取补救措施, 就可以使赛博空间战场发生戏剧性的变化。

3.3　赛博战可借鉴的传统军事原则

　　条令实施需要许多的战术、技术和规程 (TTPs)。一些基本的 TTPs 有: 作战环境情报准备 (IPOE), 联合弹药有效性手册 (JMEM) 因素 (实施军力分析), 效能度量 (MOEs), 战斗毁伤评估 (BDA) (用来确定 MOEs), 抵近空中支援 (CAS)(整合空中和陆地部队), 以及反叛乱 (COIN)(改编传统部队条令使其适应非对称战场)。

3.3.1　作战环境情报准备

　　战场情报准备 (IPB) 已经演变为当今复杂战争中的作战环境情报准备。它是 "联合情报组织使用的分析过程, 用来生成情报估计和其他情报结果, 以支持联合部队指挥官的决策过程。这是一个连续的过程, 包括定义作战环境、描述作战环境的影响、评估对手、确定对手的行动过程"[1]。这不仅需要对传统意义上的敌人能力和地形进行评估, 也需要对许多新的方面 (如经济、种族、宗教、性别、民族和文化) 进行评估。当分析通信线路、作战和地形的影响时, 有必要把赛博空间考虑在内。赛博 IPOE 对了解敌

人的 "观察 — 定位 — 判断 — 行动"(OODA 环) 是至关重要的。"IPB 要有用, 就必须及时、准确、实用且完整。在大多数情况下, 在开始军事行动和后勤规划前要完成 80% 的基础工作[25]。" 所以在地形可以分秒变化、军事力量可扩展到整个世界范围、动机随着参加人群的不同而多样化的情况下, IPOE 需要重新审视它是如何产生如 "敌人最有可能采取的行动路线" 这样的结果的。这些结果对指挥官而言至关重要, 在赛博空间中是不容忽视的。

3.3.2 联合弹药有效性手册

联合弹药有效性手册是确定不同的武器系统的有效性的正规能力分析手册 (如 AT4 火箭筒能否摧毁 T64 坦克)。可使用数学概率模型 (该模型可分析目标关键脆弱性、预估运用于目标的武器资产的性能数据以及武器投送方式等) 来生成评估结果, 也可以通过战场测试来获得评估结果。这些预测是在给定具体的计划武器/目标模式 (如空对地、特别行动目标脆弱性或地对地) 的情况下, 基于其打击性能的历史数据和成功率做出的分析[1]。度量动态效能时, 是相当简单的, 但对于赛博武器而言影响其效能的因素较多。我们需要建立一个标准来衡量其有效性, 将该标准作为一个基准, 帮助指挥官了解哪些赛博武器是他们最需要的。该标准应建立在某种类型的效果之上, 例如 "时间不可用" 或 "影响决策的能力"。

联合非动态有效性集成 (JNKEI) 方面的一些工作已于 2010 年 9 月完成, 其目的是提高联合的 TTPs, 协助联合规划人员将电子战、计算机网络攻击和攻击空间控制能力的非动态影响整合到作战规划中。已完成的工作包括:

- 在作战计划中提高非动态能力整合, 这样可以扩大联合部队指挥官的行动范围。
- 基于 JNKEI TTPs 的信息交互需求, 结合了综合战略规划和分析网络 (ISPAN) 以及对信息作战环境虚拟集成支持的协作工具。
- 为联合作战规划出版物 (JP) 5-0、赛博空间作战联合测试出版物 3-12、信息作战 JP 3-13 和联合定位 JP 3-60 提供了输入。
- JNKEI TTPS 提供联合信息作战规划课程 (联合部队参谋学院), 联合靶场学校 (USJFCOM) 和高级集成战士武器教官课程 (美国空军武器学校)。
- JNKEI TTPs 提供给 USEUCOM、USPACOM、美国在韩驻军和美战

略司令部, 以提高现有的标准作战程序。

3.3.3 效能度量

效能度量用于评估系统行为、能力或作战环境的变化, 这些变化与目标状态形成、目标实现和效果产生紧密相关。它们并不度量任务的性能。当评估一个行动过程或进行战斗评估时, 我们需要基于它所具有的 MOE 来进行。这些 MOEs 应该使用相关的、可度量的、敏感的和资源丰富的评估手段, 这样就不会造成任务或目标完成的虚假印象[1]。对于影响战或者信息战, 情况会比较复杂。我们需要建立一个标准, 军队和联邦机构的每个部门都可利用它来度量影响和效能。这项标准应是一个矩阵, 来处理机密性破坏、拒绝访问和完整性缺失等国家层面 (军事、经济、信息或外交方面) 的后果和损失。最后, 它应采用非密形式, 使每个人都能够训练和使用, 以使它可以被普遍知悉。

3.3.4 战斗毁伤评估

战斗毁伤评估是另一个关键的 TTP。这是对致命武力或非致命武力造成毁伤的估计。BDA 由物理毁伤评估、功能毁伤评估以及目标系统评估组成。BDA 的目的是将执行后的结果与在目标开发过程中预期产生的结果进行比较。全面的 BDA 需要在联合部队情报部门和作战部门的协调努力下完成。传统上, BDA 是由物理毁伤评估、功能毁伤评估和更高级目标系统评估组成[1]。BDA 对于确定攻击方法是否有一个成功的有效性度量具有重要意义。空军只有在确定敌人的防空系统被摧毁时才会启动飞机。赛博部队只有在确定他们可以绕过防火墙时才开始进行网络利用。一般来说, 最好使用 "全源"(来自于所有英特尔功能指示器) 信息来提供准确的分析。

3.3.5 抵近空中支援

抵近空中支援是利用固定翼和旋转翼飞行器针对与友军极为接近的敌方目标发起的空中行动, 它要求每次空中任务均与友军的火力和运动紧密协调。该 TTP 提醒我们联合力量经过整合后更强。美国并不单独作战, 而是作为多国联军的一部分参战。美国陆军很少单独作战, 而是作为联合特遣部队的一部分参加战斗。赛博战也极有可能成为整合多方面国家力量联合作战行动的一部分。

3.3.6 反叛乱

反叛乱是军民全面作战, 用来击败和控制叛乱, 并解决其核心诉求。COIN 首先是政治上的, 囊括了一系列行动, 安保只是其中一项。要成功实施 COIN 需要联合行动, 且应包括所有东道国、美国和多国机构或成员[1]。在近代, 美国参与的主要作战类型就是反叛乱。在这种环境下, 信息战和影响战是关键的武力增效器。在这种类型的战斗中, 赛博对作战双方而言都是关键性的武器。当指挥员分析如何在当今战场作战和取得胜利时, 他们必须懂得如何在赛博空间获取优势。如果我们强迫参谋机构关注于正确的需求, 他们在本地作战中使用的那些工具经过修改就可以应用到赛博空间中。

3.4 本章小结

本章探讨了当前在国家和军队层面的赛博战条令情况。每个依赖于 IT 基础设施的国家都在发展赛博策略和能力来保护和行使其国家权力。而后, 为满足军队适应赛博空间环境的需求我们研究了一些传统的战术和成果。我们讨论了一些这个虚拟空间中指导联邦机构和政府的行为使用的指令。最后, 我们讲述了组织为发展新的条令和执行他们当前计划是如何进行培训的。

今天, 我们正处于一个受文化、个人和国家状态影响并可能发生战争 (包括经济或武力对武力冲突) 的新纪元的开端。世界上的国家和军队在新的领域内积极发展条令, 用来实施防御、开展战斗并赢得胜利。

参考文献

[1] DoD. Joint Electronic Library. [online, cited: 09.07.2010]. <http://www.dtic.mil/doctrine/>.

[2] President Obama. The Comprehensive National Cybersecurity Initiative. [online] May 2011. <http://www.whitehouse.gov/cybersecurity/comprehensive-national-cybersecurity-initiative>.

[3] Gates, Secretary of Defense Robert. Wall Street Journal. Resource Documents. [online] DoD, June 23, 2009. <http://online.wsj.com/public/resources/documents/OSD05914.pdf>.

[4] Alexander General Keith B. Statement of commander United States cyber command before the house committee on armed services. September 23, 2010.

[5] Congressman W. Mac. Thornberry (R) Definitions, Focal Point, and Methodology Needed for DOD to Develop Full-Spectrum Cyberspace Budget Estimates. [online] July 2011. <http://www.gao.gov/products/GAO-11-695R>.

[6] Major General Richard E. Webber, USAF. US House of Representatives House Armed Services Committee. Presentation to the subcommittee on terrorism and unconventional threats. [online] US NAVY, September 23, 2010. <http://democrats.armedservices.house.gov/index.cfm/files/serve?File_id=8b 28f10f-e164-481f-93cc-0c0734195fb1>.

[7] Dominance, VADM Jack Dorsett DCNO for Information. Information Dominance and the US Navy's Cyber Warfare Vision. The Defense Technical Information Center. [online] US Navy, April 14, 2010. <http://www.dtic.mil/ndia/2010SET/Dorsett.pdf>.

[8] Army, US. TRADOC pam 525–7-8. Cyberspace Operations Concept Capability Plan 2016–2028. February 22, 2010.

[9] Stew Magnuson Army Wants Ability to Fight in Cyberspace by 2020 [online] November 2011. <http://www.national defense magazine.org/blog/Lists/Posts/Post.aspx?ID=582>.

[10] Headlines Army's First Dedicated Cyber Brigade Now Operational [online] March 2012. <http://www.infosecisland.com/ blogview/20751-Armys-First-Dedicated-Cyber-Brigade-Now-Operational.html>.

[11] TRICARE, DoD. TRICARE. Military Health System Information Assurance Guidance. [online] 10.10.2008. <http://www. health.mil/Libraries/iafiles/14-INFOCON-10102008.pdf>.

[12] Wiangsui, Qiao Liang and Wang. Unrestricted Warfare. Beijing: PLA Literature and Arts Publishing House, February 1999.

[13] Thomas, Timothy. Air Force Space Command High Frontier. Taiwan Examines Chinese Information Warfare. [online] Air Force, May 2009. <http://www.afspc.af.mil/shared/media/document/AFD-090519-102.pdf>.

[14] Krekel, Bryan. Capability of the People's Republic of China to Conduct Cyber Warfare and Computer Network Exploitation. The US-China Economic and Security Review Commission. [online] October 9, 2009. <http://www.uscc.gov/researchpapers/2009/NorthropGrumman_PRC_Cyber_Paper_FINAL_App roved%20Report_16Oct2009.pdf>.

[15] Associated Press 12 Chinese Hacker Teams Responsible for Most US Cybertheft. [online] December 2011. <http://www.foxnews.com/scitech/2011/

12/12/12-chinese-hacker-teams-responsible-for-most-us-cybertheft/>.

[16] Strategy Page The Mighty 1st Technical Reconnaissance Bureau. [online] April 2011. <http://www.strategypage. com/htmw/htiw/articles/20110417. aspx>.

[17] Yasuhide Yamada, Atsuhiro Yamagish, Ben T. Katsumi. Comparative study of the information security policies of Japan and the United States. J Natl Security Law [online, cited: 17.09.2010]. <http://infosecmgmt.pro/sites/default/files/us-japan_information_security_comparison_4_yamada.pdf>.

[18] Yong-sup, Han. Analyzing South Korea's Defense Reform 2020. The Korean Journal of Defense Analysis, Vol. XVIII, No. 1, [online] Spring 2006. <http://kida.re.kr/data/kjda/06_1_5.pdf>.

[19] Jr., Joseph S. Bermudez. SIGINT, EW, and EIW in the Korean People's Army. Asia-Pacific Center for Security Studies. [online] 2005. <http://www.apcss.org/Publications/Edited%20Volumes/BytesAndBullets/CH13.pdf>.

[20] Cooperative Cyber Defence Centre of Excellence. NATO and attained the status of International Military Organisation. [online, cited: 10.17.2010]. <http://www.ccdcoe.org/12.html>.

[21] Centre, Office of Cyber Security and Cyber Security Operations. Cyber Security Strategy of the United Kingdom. Cabinet Office. [online] June 2009. <http://www.cabinetoffice.gov.uk/media/216620/css0906.pdf>.

[22] République, Présidence De La. The French White Paper on defence and national security. Le Livre blanc sur la défense et la sécurité nationale. [online] June 2007. <http://www.livreblancdefenseetsecurite.gouv.fr/IMG/pdf/white_paper_press_kit. pdf>.

[23] Czech Republic Czech Cyber Security Strategy for 2011–2015 published [online] August 2011. <http://www.enisa. europa.eu/media/news-items/czech-cyber-security-strategy-published>.

[24] Andrew Nusca Hayden Digital Blackwater may be necessary for private sector to fight cyber threats. [online] August 2011. <http://www.zdnet.com/blog/btl/hayden-digital-blackwater-may-be-necessary-for-private-sector-to-fight-cyber-threats/53639>.

[25] Winterfeld, Steve. GSEC Gold Credentials. Cyber IPB. [online] December 2001. <http://www.giac.org/paper/gsec/1752/ cyber-ipb/103147>.

第 4 章

赛博工具和技术

本章要点:
- 逻辑武器
- 物理武器

4.1 逻辑武器

逻辑武器是指在讨论赛博战时我们可能想象到的工具或软件程序。它们是用来侦察、监视对手的网络和系统, 攻击或利用 (即通过 CNE 从事间谍活动, 我们将在第 5 章进一步讨论) 我们可能会发现的各项目标的工具集合。当这些工具在赛博战环境中使用时, 我们或许会问, 这些工具和我们平时使用的对应用程序、系统和网络进行渗透测试时使用的工具有什么不同。这个问题的答案是, 在很多情况下, 它们在很大程度上不存在概念性区别, 但在赛博战环境中它们的应用范围被极大地增加了。

在某些情况下, 渗透测试人员受合同的限制可能会避免使用被标记为"危险"的工具或工具中的设置, 因为这样可能会对目标造成伤害, 但另一方面在赛博冲突中这样的效果或许是可以接受的, 甚至是理想的。但事实并非总是如此, 我们在某些情况下肯定希望能够保密和谨慎, 但这也创造了这些通用工具新的使用方式, 这些方式是我们通常在非实验室环境的渗透测试中无法看到的。

我们很可能发现大量的商用工具都掌握在具有国家背景的赛博战部队手中, 而不太可能被个人或小团体所掌握。然而, 即便自动化程度不及商业工具的免费工具, 在高超的使用者手中也非常有效。

注意: 通常, 赛博战、渗透测试和安全领域中可用的工具种类十分惊人。对现下流行的各种安全工具进行一次全面地讨论固然很好, 但这得占用整本书的篇幅。此外, 值得指出的是, 对于工具黑客可能花几千美元, 而一些国家则需要花费数十亿美元 (如美国国家安全局和国家赛博安全综合计划)。本章我们将讨论一些主要的工具, 但如果读者希望学习更多的内容, 可以到 Insecure.org 网站查找。该网站提供了口令破译器、嗅探器、漏洞扫描器、web 扫描器、无线工具和许多其他专业工具。

4.1.1　侦察工具

顾名思义, 侦察工具从逻辑上讲是指那些在被动状态下收集关于目标网络和系统信息的工具。收集方式可能包括从公共网站上收集信息, 从域名服务器 (DNS) 记录中查找信息, 从可访问的文档中收集元数据, 通过使用搜索引擎获取特定信息, 或其他类似活动。对侦察而言, 我们可能会使用如下工具收集信息, 如:

- 网站
- 搜索引擎
- 谷歌 Hacking
- WHOIS 搜索/DNS 查询
- 元数据
- 专门的搜索工具如 Maltego

4.1.2　扫描工具

扫描工具是一类用于查找目标系统环境信息、目标中的系统类型及这些系统详细信息的工具。通过这些工具, 我们可以运行 "ping" 等常规扫描, 或端口扫描等较专业的扫描, 更进一步, 可以标志获取或特定系统用户枚举等非常专业的扫描。一些常用的扫描工具包括:

- Nmap
- Nessus
- OpenVAS

4.1.3　访问和权限提升工具

很多黑客攻击工具和渗透测试工具, 无论是开源的还是商用的, 都关注于获取系统访问权限,以及提升访问系统的权限水平。我们将在本节介绍一些比较常见和流行的工具。通常访问和权限提升工具包括:

- 口令破译/猜解工具
- Metasploit
- CANVAS

4.1.4 窃取工具

从某个环境中窃取数据是一个有趣且具有挑战性的问题,特别是当该环境采取了针对这类攻击的防御措施时。大体来说窃取数据的主要方法有:从物理介质上窃取数据,采用隐写术或加密方式伪装数据,使用允许离开环境的通用协议,或转变信息传输方式。窃取信息的一些常见方法包括:

- 物理窃取
- 加密及隐写技术
- 通用协议之上的隐秘通道
- 带外 (OOB) 的方法

4.1.5 维持工具

一旦我们获取对系统的访问并达到了预期的访问权限,我们很可能希望确保在未来能够继续访问该系统。虽然起初我们已经能够成功地使用特定的漏洞或类似的手段来访问系统,但同样的手段将来未必奏效。维持访问的一些常用的方法包括:

- 添加系统的 "授权" 账户
- 后门程序
- 添加监听服务

4.1.6 攻击工具

用来攻击受控机器的工具种类繁多。可以采取简单的更改配置或系统环境变量的方式,建立僵尸网络,对特定的系统或环境实施集中式拒绝服务 (DOS) 攻击。这些攻击工具通常可以划分成软件破坏工具或硬件破坏工具。一些常见的攻击方法包括:

- 篡改软件或操作系统的设置
- 攻击硬件

- 更改配置

4.1.7　隐藏工具

隐藏的含义是 "使困惑, 使迷惑或迷茫" "使其含糊不清或不明确的" 或 "使变暗"[1]。这个定义很好地描述了在系统或环境中掩盖操作痕迹时所使用的工具。在此类事件中, 通常有三类主要任务: 掩藏自身位置、修改日志和操作文件。隐藏的一些方法包括:

- 掩藏物理位置
- 修改日志
- 修改文件

4.2　物理武器

当我们提及赛博战, 我们最有可能设想到的场景是: 一个超级书呆子军团, 目不转睛地盯着计算机显示器, 疯狂地敲击键盘, 打字打个不停。虽然这个特殊场景多少包含了一点真相, 但我们还是需要考虑到在这种冲突中的常规战争。

当我们观察物理领域和逻辑领域如何交叉时, 我们发现, 实际上它们之间有着十分密切的联系逻辑系统, 如软件系统和应用系统, 完全依赖于它们的物理系统和基础设施。无论是物理组件还是逻辑组件的改变都会对彼此产生深远的影响, 有时可能会导致另一方完全失效。

正如在任何物理域中的重大冲突一样, 我们也关心使作战行动成为可能的基础设施和供应链 (后勤) 问题。如果这些部分被敌对势力消灭或破坏, 最好的情况是会导致作战指挥更加困难, 最坏的情况是我们可能会发现自己完全失去作战能力。因供应链失效而束手无策, 就像食堂或自助餐厅中的一批鸡蛋沙拉被下毒, 又如集成电路或计算设备中使用的组件被破坏。

考虑可以使用的物理攻防工具时, 我们发现有多种方式可供选择。就攻击而言, 我们可以使用常规炸药、切断电缆、干扰传输、撬锁以及其他任何我们能够想到的方式。就防护而言, 我们可以加固我们认为最有可能遭受攻击的设施和设备来提高防御能力, 还可以采取一些措施确保那些攻击者由于我们的周边的加固而出师不利, 并且被快速侦察到。

4.2.1 逻辑和物理领域的关联

对大多数或多或少了解一些技术知识的人而言，很明显，逻辑领域取决于物理硬件和网络基础设施。尽管逻辑世界建立于物理世界之上的确是一个简单的概念，但这两个世界相互交叉的二次效应可能不是很清晰或显而易见的。

当考察这些逻辑系统赖以运行的物理网络基础设施时，有两个基本的赛博作战问题需要考虑：一是保持我方的系统和基础设施完好、功能完备；二是使敌方的系统和基础设施遭到破坏、功能受损。这意味着，对数据中心的物理攻击是拒绝服务攻击的军事选项之一。

逻辑系统也可以导致物理世界的变化。在复杂的物理硬件上，软件通常会调节硬件运行方式。软件的改变会影响硬件的接口，包括网络、系统甚至是人。这意味着针对智能电网的赛博攻击也可以作为一种拒绝服务攻击方式来攻击数据中心。

4.2.1.1 基于物理硬件运行的逻辑系统

逻辑世界运行于各种各样的网络基础设施、计算机系统、智能家居设备、冰箱、汽车等各种嵌入式设备之上。当这样一个复杂设备失去了对功能至关重要的各种设施的连接时，主要是电源和通信媒介，就会变得一无是处。很多时候，它会变成一个非常昂贵的镇纸。

当遂行赛博冲突作战行动时，对攻守双方而言，想要保持己方的物理硬件正常运行十分困难。即使在常规战争中，一些高技术基础设施也是作战双方最开始的摧毁目标，而这些技术基础设施提供的情报对支撑赛博战以及传统作战都是很关键的。

在最近几场美国参与的战争中，如伊拉克战争和阿富汗战争，往往发生在非常炎热、多沙的沙漠地带，几乎没有生存的基础设施。在这种环境下作战，往往会降低计算设备的持续功效。此外，这种设备无论是在物理层次还是在逻辑层次都是美军指挥控制的关键，都为敌方攻击提供了一个诱惑目标。在这种情况下，往往需要坚固耐用的设备和相应的冷却系统，以期能够在一段时间内发挥作用。

此外，在更高层次上，我们需要保证为系统提供服务的基础设施正常工作。这种技术通常用在数据中心和其他关键计算设备上，尽管它通常没有经过加固以抵御可能在赛博冲突中发动的攻击。我们可以通过冗余系统、基础设施、实用工具和其他必要的措施，确保系统性能不易被降低。另一方面，因为这种技术很通用，我们很可能发现对方也使用相同的技术。

这个问题的反面是试图使敌方无法使用物理设备和基础设施。特别是在别国领土上进行物理战争时，受到攻击的一方可能有独特的"主场"优势。在某些情况下，如阿富汗冲突，我们可能要对付一个并不依赖于复杂技术基础设施的对手。在其他情况下，我们可能会面对一个建设良好且经过加固的数据中心，其拥有足够的后备资源可以保证在紧急情况下的电源供应和通信畅通。这些设施使得设备离线非常困难。每个敌方运算平台都包括下层的协同，能支持网络中心运算，且能被独立评估。

在 2003 年的"伊拉克自由"行动中，为了切断巴格达的互联网连接，实施了多轮巡航导弹攻击。虽然民用互联网服务提供商 (ISP) 相对比较容易摧毁，因为大量的通信流量都来自同一个 Cisco 交换机，但来自伊拉克政府的通信流量并不容易降低。在直接命中了两个电信交换中心、多个卫星天线以及一个安装在伊拉克信息部大楼的服务器后，伊拉克政府官方网站和相关的电子邮件服务器脱机了。后来出现的通信，是通过设备制造商运到迪拜的卫星网关进行的，最后转到伊拉克[2]。这表明了很难在赛博环境和关键基础设施节点标明威胁。

由于各种基础设施备份系统的建立简单易行，因此很可能需要击溃多重系统才能剥夺对手的赛博能力。通过微波、蜂窝电话、业余无线电、电话线和其他各种解决方式可提供互联网的接入，并可通过 Mesh 网络的共享，提供很大程度的冗余。鉴于当今的技术，一个系统只需经由便携计算机和手机的数据连接就能正常运行。在这种情况下，可能需要结合物理攻击和逻辑攻击才能使一个系统完全离线。

4.2.1.2　逻辑攻击可以导致物理效应

正如物理攻击可以影响逻辑系统，逻辑攻击也能影响物理系统。在很大程度上，物理计算机系统由在该系统上运行的操作系统和应用程序控制。举一个简单的例子，对于与网络电缆有物理连接的所有系统而言，更改网络配置可能导致该设备与互联网失去连接。

> **小贴士**：控制网络管理接口对于切断设备网络连接是一个极好的方式。即使已经启用了所有的安全功能，设备网络连接的安全性通常还是极差的。尽管在大多数情况下，它们具有相对有限的功能，但其中的很多功能可以修改网络的基本设置。典型地，如果将设备的 IP 地址设置为 0.0.0.0，将轻而易举地禁用设备的网络功能。

设备从网络中移除的情况下, 备用的通信方法会被用来恢复设备的通信, 或者可以派人赶到现场对所需的物理设备进行重新配置。攻击可能会非常简单, 并且最终很容易修复, 但用这种方法来破坏整个企业的网络基础设施, 可能会导致整个组织的短暂停滞, 并且恢复耗时较长。备份通信系统通常没那么安全, 其可能会成为间谍活动的通道。

对物理系统的攻击, 可能会导致性质更为严重的影响, 远远超越仅对网络和系统管理员的干扰。2008 年, 一个从事安全研究的团队, 在华盛顿大学和马萨诸塞大学的协助下, 成功访问了未加密的无线信号网络, 这个网络用来控制除纤颤器和起搏器相结合的设备。通过这个入口, 他们能够更改设置, 导致设备产生潜在的致命振动, 并且能够完全关闭[3]。在这方面进行攻击研究是非常艰巨的, 需要相当数量的研究和专门的硬件, 但这一概念现在已经被证实。使这类攻击更具危险的是, 在 2009 年, 第一个无线连接互联网的起搏器安装在了病人身上。重新审视上述例子, 一个远程连接并能停用所有此类设备的特殊的医生 (如果是一位在白宫工作的心脏病医生) 可能会对政界产生深远的影响。

除了通用的计算机设备, 这些攻击也可能影响在世界各地运行的工业生产过程控制组件的关键系统。这些系统控制着供水、供电、通信系统、工业制造和许多其他重要的处理过程。

4.2.2 基础设施问题

当我们提到基础设施这个词的时候, 那些从事计算和技术工作的人往往倾向于认为该词特指专门的网络基础设施。虽然, 这些基础设施的确很重要, 没有它们许多处理功能将不能实现, 但它们只是工业界基础设施的一部分。

当我们讨论基础设施和相关系统时, 我们主要关注的是实际控制项目的系统。这些控制系统控制电、水、通信、制造过程以及许多其他作业。确切地说, 这些系统是指工业控制系统 (ICS)。工业控制系统是由监控与数据采集系统 (SCADA)、分布式控制系统 (DCS)、人机界面 (HMIs)、主终端单元 (MTUs)、可编程逻辑控制器 (PLCs)、远程终端单元 (RTUs)、智能电子设备 (IEDs) 和其他项目组成的。

这些项目通常被归为 SCADA 的范畴, 而不是将它们称为 ICS(ICS 这个术语较少使用)。从本质上讲, SCADA 和 ICS 的区别在于实际上在哪里和被什么控制或协调的细节上。在很多情况下, 这种区别并不是工业上的标准, 但是从技术角度而言, 使用 ICS 更加贴切。

4.2.2.1　什么是 SCADA?

SCADA 系统用来控制和监视各种各样的处理过程。这些处理过程可能是基于工业、基础设施或设备的[6]。工业处理过程涉及生产设施、发电、石油精炼、采矿或许多发生在类工厂环境中的活动过程。基础设施处理过程围绕着水及污水处理系统、石油和天然气输送管道、电力输送、固定电话及移动电话的通信系统, 以及其他被认为提供服务的公共服务设施。基础设备处理过程用于控制单个设施, 如暖气、空调或能源的使用。军方已经开始谋划处理关键 SCADA 系统所受的攻击, 针对能源的可靠性和安全性, 启动了一个叫做 "智能电力基础设施示范" 的项目。

我们所接触的任何事物几乎都集成了 SCADA 系统。当我们给汽车加油、在网上冲浪、做饭或冲洗厕所时, 即使不是直接接触它们, 我们距离这样的系统也仅几步之遥。远程传感器已越来越普遍地被应用于许多居民区, 它可以使公共事业公司的抄表读数更加准确, 而且不需要为了收集信息而派人逐户抄表。其也被使用在许多医疗设备上, 例如点击起搏器、臀部再造手术和胰岛素注入器可以无线报告信息给医务人员。而且现在几乎所有美军使用的武器都有 CPUs, 同时, 这些都引入了新的威胁。

如果没有这样的系统维护和监视当今世界, 我们将很快失去暖气、食物、通信和许多其他的生活必需品的供应。不言而喻, 虽然这些系统是为工业用途设计的, 在某些关键系统中有多个冗余的备份系统, 但它们都是基于计算机技术的, 因此同样脆弱。

4.2.2.2　SCADA 中存在的安全问题

大部分属于 SCADA 类别的系统的安全取决于不公开的安全策略[7]。这些系统所使用的接口、软件、操作系统和协议, 通常并不被它们所实施的行业以外的人所熟知。从理论上讲, 攻击者要渗透 SCADA 系统有两种方法, 第一种需要特定且可能是独特的系统内部设计知识; 第二种需要花费时间来获得入口, 并且了解系统是如何工作的, 以便发动攻击。

不幸的是, 我们进入了信息时代, 大量的存储信息等待着那些愿意在互联网中进行开荒的人。制造商们可以很方便地把他们的产品手册放到网上供客户下载, 将内部资料泄漏给公众, 各种各样的工业系统只需花几角钱就可以在 eBay 上买到。虽然这些系统确实比一般的服务器更为特殊, 但我们远无法依赖这种系统模糊特性提供的保护措施使系统免受攻击。事实上, 因为防火墙的隔离, 系统和软件并没有经历过互联网和外部攻击者的考验,因此,这些系统和软件缺乏对自身安全漏洞的了解,无法向制造商反馈相应的安全漏洞,这样的系统和软件是非常脆弱的。

举一个例子,2010 年 7 月发现了一种叫做 Stuxnet 的恶意软件,其主要攻击目标是 SCADA 系统。Stuxnet 是由蠕虫病毒和木马组成的,蠕虫病毒利用 Windows 漏洞通过 USB 驱动器进行传播,木马专门用来寻找特定模式的西门子 SCADA 系统。Stuxnet 还包括一个恶意程序工具包,以防止被发现。如果发现是西门子系统,Stuxnet 将使用硬件编码的密码进入 SCADA 后端的数据库,然后寻找工业自动化的布局文件和控制文件,将其上传至远程控制系统,并尝试各种破坏行为。最后,Stuxnet 等待远程系统进一步的控制命令[8]。

在很多国家的 SCADA 系统中都发现了 Stuxnet,包括中国、印度、伊朗和印度尼西亚,它们可能来源于以色列。起初,这一恶意软件的目标是进行工业间谍活动。后来发现,在某些情况下,Stuxnet 企图破坏系统,印度通信卫星的受损可能与此有关[9]。除了这些威胁,随着 SCADA 越来越普遍地连接到公共网络和私有网络,SCADA 也和许多常见的系统一样,越来越多地暴露在标准类型的攻击中。分布式拒绝服务攻击、恶意软件的附带伤害、有安全漏洞的补丁等都成为了 SCADA 需要考虑的问题。

4.2.2.3 SCADA 系统故障的后果是什么?

在 SCADA 发生严重故障的情况下,其潜在后果的影响是相当深远的。考虑到我们所指的系统是电力、通信、石油输送以及其他的关键处理过程,因此,因 SCADA 故障而造成重大灾害是非常有可能的。2003 年美国的大规模停电,便是 SCADA 系统故障所造成的潜在影响的一个例子。

2003 年 8 月,在美国和加拿大的部分地区,我们看到了 SCADA 故障导致的后果,起初破坏性质相对较小,仅涉及电力配送。但最终,由于俄亥俄州电力公共事业公司的软件监视系统发生故障,导致当地电厂的电力供应中断,进而导致了这一地区其他电厂的负荷加大。由于电力线负荷加重,在这些停电区域,电力线下垂。在多个地点,下垂的电力线接触到修剪不当的树枝,导致这些电线发生故障。当这些故障发生时,俄亥俄州电力公共事业公司的经营者疏于职守并没有通知周边各州的电力系统管制员。

后来,俄亥俄州的电力公共事业系统开始从密歇根州抽调电力,系统为了平衡负载产生了很多问题。由于俄亥俄州和密歇根州的冗余电力线故障,缺少负载,导致发电站进入离线状态。系统为了保持自身的平衡,从东海岸的电厂抽调额外的电能,导致东海岸的电厂因过载而关闭。由于大规模的电网问题,密歇根州和俄亥俄州的电网开始断开彼此的连接。于是,连接到加拿大的电网也开始断开,并且由于电网的不稳定,导致加拿大的电网也开始断开。最终,安大略、纽约、新英格兰、温莎、新泽西、费城等地的电网均受到了影响[10]。

最后,这场停电事故导致了 256 家电厂离线,5500 万用户无电可用[11]。仅仅是由于一个监视系统的故障导致了这一巨大的问题。这种情况有可能对生活造成巨大的损失和破坏,其取决于故障所发生的行业。2003 年的停电事件在根本上是由于一个软件的缺陷所造成的,完全是偶然的。若有一个志在必得的对手注意到这个缺陷,那么这种攻击有可能产生极大的干扰和破坏作用。

4.2.3　供应链问题

除了以上我们所讨论的基础设施问题外,对于供应链问题的认识也很关键。多年来,我们正进入一个全球化的进程,这一进程跨越了几乎每一个有待检验的行业。许多国家通过进口硬件和部件来建设基础设施,包括各种各样新鲜的和加工的食品、燃料、原材料、服装以及其他一些大大小小的物料,它们涵盖的范围广泛,不胜枚举。

虽然这种方式有许多好处,但同时也带来了严重的问题,特别是当我们考虑到战争的可能性时,无论是常规战还是赛博战。我们可能依靠基础设施进行攻击,或者在相反的情况下,基础设施可能被攻击,包括大多数部件,从设备的单个元件到所有的组成部件。几乎所有这些都来自于世界上极少的几个主要的部件制造地区。

4.2.3.1　硬件损坏

最主要的问题是对硬件的担忧,这些硬件出于战略或情报的目的而进行了特殊处理。关键的部件,如路由器或交换机、防火墙设备、工业控制单元以及任何其他的部件可能被有意设计成能够秘密报告信息,而无法给出一个特定的信号或设置条件来检测到,如后门以及任何其他类似的措施。如果不完全削弱它们的操纵能力,那么受到攻击的一方将处于明显的劣势。

在 20 世纪 70 年代末到 80 年代初,美国中央情报局 (CIA) 获悉俄罗斯国家安全委员会 (KGB, 克格勃) 从加拿大一家公司窃取了一份关于 SCADA 控制系统和相关软件的计划。据称,中情局成功的在系统中插入了恶意软件,这一系统后来应用于西伯利亚的天然气管道控制系统中。据报道,1982 年的大爆炸与该控制系统的缺陷有直接关系[12]。关于这一报告的真实性有很多争议,但这个事件确实足以证明上述观点。

为了说明将这种修改后的硬件引入市场是非常方便的,我们来讨论 Cisco 入侵者行动,该项调查行动由联邦调查局 (FBI) 负责执行,历时两年。在这次行动中,联邦调查局瓦解了一个伪造集团,该集团曾经将设备卖给多个机构,其中包括美国海军、海军陆战队、空军、联邦航空管理局 (FAA) 以及联邦调查局自己[13]。这个例子并不基于军事意图,只是想说明还有哪些潜在的恶意行为,以及它们通过侵蚀美国能源基础设施所产生的经济影响。

在这种特殊情况下,该伪造集团的目的在于利润,而不是进行破坏或间谍活动,涉及的设备数量非常大。在更为隐秘的情况下,要找到为数不多的装有改装芯片的设备几乎是不可能的,即使适时地向政府提供程序以实施这一措施。我们将在第 8 章深入讨论这一问题以及一些可能的解决方案。

4.2.3.2 蓄意破坏的组件

除了上述我们讨论的针对特定目标的攻击和定时工具,劣质或蓄意损坏的部件也可能造成更简单的供应链问题。特别是设备上所使用的电子元件,是很容易进行攻击的。考虑到一个典型的电子设备上会有各种各样的组件且涉及众多生产厂商,因此,非常容易引入缺陷,而且影响巨大。

有一个具体案例可以说明单个劣质元器件可能引发一系列问题,即始于 20 世纪 90 年代后期的 "电容瘟疫"[14]。这个问题在很大程度上是由于电容器制造商之间的工业间谍活动引起的。据报道,一家日本公司用于制造电容器的电解液配方被窃取,后来转售给多家台湾电容器制造商。但是窃取者并不知道配方是不完整的,其缺少几种关键的防止电容器爆炸的添加剂。虽然这种电容器在短时间内能够发挥作用,但其很快会发生故障,普遍比预期寿命少了一半。根据一些报道,这个问题在市场上仍时有发生,那些故障的设备是在原始问题发生将近十年之后才生产的[15]。

在这种特殊情况下,这个问题是由合法的电容器制造商造成的,作为对盗窃其知识产权的一种防御机制,只有当这一配方信息广泛传播时才一发不可收拾。如果有人蓄意企图破坏电子元件的供应链,生产的元件可能被设计成以特定的方式或在特定的时间内发生故障,就像我们在前面 "硬件损坏" 部分所提到的那样。这种部件有可能流入各种设备,包括导弹、追踪系统、机载航空电子设备或是许多其他的关键系统。

4.2.3.3 非技术问题

当然, 我们在讨论供应链问题时, 有许多攻击手段并不直接与技术有关。许多和管理赛博战供应有关的问题, 会暴露给有足够决心的对手, 其可以利用这些问题有效地阻止作战行动。此外, 考虑到攻击行动可能是从人口密集地区发动的, 因此这种破坏可能会很容易进行规划并加以实施。

拿破仑曾说过 "兵马未动, 粮草先行"[16]。对于作战部队来说, 生活消费品的供应是必需的, 无论是有意的还是无意的, 牙膏、感冒药、饮用水、食品, 还有其他类似的物品, 都非常容易受到污染。在世界各地许多国家都发生过这样的先例。

2006 年 8 月, 一个特定品种的菠菜被发现感染了大肠杆菌 O157:H7。从 8 月底一直持续到 10 月初, 美国 26 个州的 199 人因食用了被污染的菠菜而发病, 其中 51% 的人需要住院治疗[17]。这种特殊情况在性质上是偶然的, 但仍然造成了广泛而深远的影响。如果这种污染是有意的, 特别是发生在像食堂这样的人口密集地区, 那么整个人群都可能会丧失行动能力甚至更糟。

类似的问题可能会出现在部队供给的任何环节中, 不论是常规战还是赛博战, 特别是在那些我们认为不是战争前线的位置。一个受保护的偏远地区的安全防护往往比作战区域要松懈得多。如果对手的计划十分缜密, 那么他们故意制造的供应问题很有可能被归因为偶然事件而非公开进攻。

4.2.4 物理攻防工具

当我们考虑一些进攻所用的常规工具及武器系统时, 我们可以借助于像机枪、坦克这样的直接火力武器, 或者像大炮、飞机这样的间接武器。而对于防御, 我们往往会部署防御性雷区和部队掩体。如果我们改用侦察, 则考虑卫星成像、间谍或特工以及派遣侦察兵等手段。同样, 适用于常规战场物理方面的概念也适用于赛博战场。

1. 电磁攻击

在发生赛博冲突的环境中, 电磁攻击是非常有用的。由于赛博作战行动往往依赖于相对精密的电子产品, 所以我们可以充分利用这一点。这些设备可能会受到电磁脉冲武器、传输干扰的影响, 而且从设备发射的信号可以被窃听。

2. 电磁脉冲武器

电磁脉冲武器经常在电影和书本中出现, 如《十一罗汉》和《黑客帝国》，但在现实世界中并不寻常。电磁脉冲武器工作时会产生一个非常强烈的能量场，对没有防护的电子器件极具破坏性。这种设备在军械库中确实存在，一般以高空电磁脉冲 (HEMP) 或高能微波 (HPM) 武器的形式存在。

高空电磁脉冲设备在一个广阔的区域产生的电磁微波能量，通常是通过在高空大气层引爆一个核装置产生的。显然，如果我们到了需要把核弹部署到空中的地步，那么则意味着世界战争的事态已经失控，很快就得考虑赛博攻击以外的其他问题了。目前，最可能发生的是，在恐怖主义行动中使用这种设备。如图 4.1 所示，一个高空电磁脉冲设备在北美中部海拔 300 英里①高空触发，将会影响到该洲的大部分地区[18]。

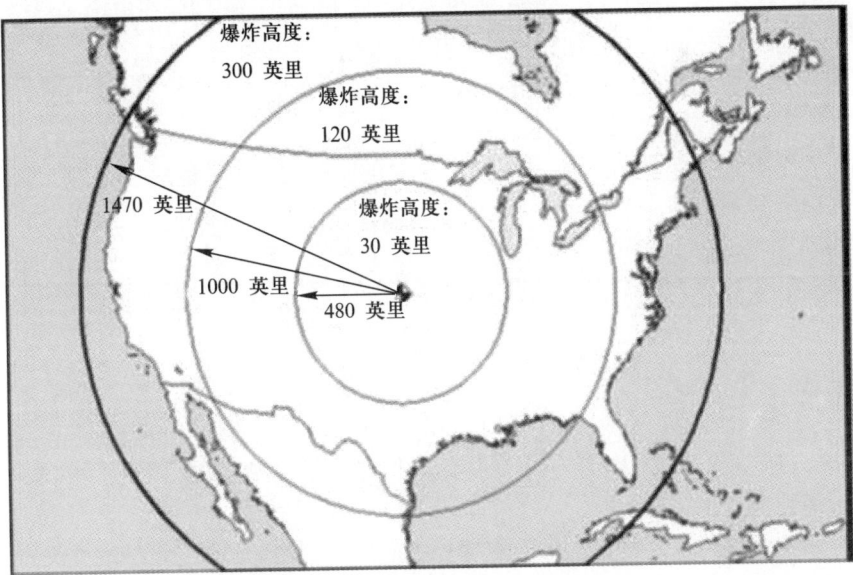

图 4.1　高海拔电磁武器效应图

> **警告:** 作为公民，经常被发现使用通信工具故意干扰或阻碍电磁波传播会被当地政府处以罚金。在我们从事这类活动之前要小心谨慎并合法。

高能微波设备会产生类似的影响，只是规模很小而且应用的设备很小。高能微波不需要核装置，可以使用化学炸药或非常强劲的电池替代，连接到一种磁通压缩发电机的线圈，就会产生一个高能脉冲。高能脉冲设备还

_____
① 1 英里 ≈ 1.609 千米。

可以将脉冲的影响限制在一个较短距离范围内的较小地区。另外，高能脉冲设备产生的脉冲对电子设备会产生更有效的影响，而且很难通过加固设备来避免[18]。这就是一个物理拒绝服务的例子。

3. 干扰

干扰技术是非常先进的，特别是在许多军事性质的力量中。这种技术通常归于电子战。电子战系统可以干扰几乎所有利用电磁频谱的设备，包括无线电、雷达、声纳、红外、激光以及其他技术。这种技术是非常复杂和昂贵的，但在许多军队中很常见。

在电磁频谱的另一端，干扰可以做得很简单。无线电设备往往可以被用来干扰其他设备的传输和接收，在互联网上还可以找到专用的干扰设备设计图然后在家中自制。另外，像便携电话、微波炉等家电，在电磁频谱受干扰的普通区域工作，往往可被利用以达到一定的效果。最后，大多数依赖于计算机的系统会受到攻击。这是我们在现实世界中拒绝服务的例子。

4. 针对常规攻击的防御

当我们考虑物理和电磁领域对攻击的防护时，主要有两个防御方面：可以通过加固设施和设备来应对预期的攻击，可以在防御地点建立冗余的基础设施。通过这种方式，首先我们可以试图阻止攻击对我们产生的影响，其次如果确实产生了影响，我们希望在某种程度上减轻攻击的影响。

4.3　本章小结

在这一章，我们讨论了用来实施赛博作战的多种工具，以及抵御攻击所用到的方法。

我们也讨论了物理武器在赛博战中的使用、物理域和逻辑域的交叉点以及域之间是如何相互影响的，这些影响有时是灾难性的。

参考文献

[1] Dictionary.com. Obfuscate. *Dictionary.com*; 2010 [online, cited May 28, 2010, 2012]. <http://dictionary.reference.com/ browse/obfuscate>.

[2] McWilliams Brian. Iraq goes offline. *Salon.com*; March 31, 2003 [online, cited May 28, 2010, 2012]. <http://dir.salon.com/ story/tech/feature/2003/03/31/ iraq_offline/index.html>.

[3] Pacemakers and implantable cardiac defibrillators: software radio attacks and

zero-power defenses. In: Daniel Halperin et al., s.l., 2008 IEEE symposium on security and privacy; 2008.

[4] Reuters. New York woman receives wireless pacemaker. *PCMag.com*; August 10, 2009 [online, cited May 28, 2012]. <http://www.pcmag.com/article2/0,2817,2351371,00.asp>.

[5] Stouffer Keith, Falco Joe, Ken Karen. Guide to supervisory control and data acquisition (SCADA) and industrial control systems security; 2006.

[6] Juniper Networks, Inc. Architecture for secure SCADA and distributed control system networks; 2009. <http://www.juniper.net/us/en/local/pdf/whitepapers/2000276-en.pdf>.

[7] A plan for SCADA security to deter DoS attacks. In: Calvery Bowers, Timothy Buennemeyer, Ryan Thomas, s.l., Proceedings of the Department of Homeland Security: R&D partnering conference; 2005.

[8] Mills Elanor. Details of the first-ever control system malware. Cnet New; July 21, 2010 [online, cited May 28, 2012]. <http://news.cnet.com/8301-27080_3-20011159-245.html>.

[9] Woodward Paul. Israel: smart enough to create Stuxnet and stupid enough to use it. War in context; October 1, 2010 [online, cited May 28, 2012]. <http://warincontext.org/2010/10/01/israel-smart-enough-to-create-stuxnet-and-stupid-enough-to-use- it/>.

[10] US-Canada power system outage task force. Final report on the August 14, 2003 Blackout in the United States and Canada: causes and reccomendations; 2004. <https://reports.energy.gov/BlackoutFinal-Web.pdf>.

[11] Highleyman WH. The Great 2003 Northeast Blackout and the $6 billion software Bug. s.l., The availability digest; 2007. <http://www.availabilitydigest.com/private/0203/northeast_blackout.pdf>.

[12] Weiss Gus. The farewell Dossier. Central Intelligence Agency; June 27, 2008 [online, cited May 28, 2012]. <https://www.cia.gov/library/center-for-the-study-of-intelligence/csi-publications/csi-studies/studies/96unclass/farewell.htm>.

[13] Lawson Stephen, McMillian Robert. FBI worried as DoD sold counterfeit Cisco gear. Info World Security Central; May 12, 2008 [online, cited May 28, 2012]. <http://www.infoworld.com/d/security-central/fbi-worried-dod-sold-counterfeit-cisco- gear-266>.

[14] Passalacqua Chris. How to identify. Badcaps.net; 2010 [online, cited May 28, 2012]. <http://www.badcaps.net/pages.php? vid=5>.

[15] Moore Samuel. Leaking capacitors muck up motherboards. IEEE Spec-

trum; February 2003 [online, cited May28, 2012]. <http://spectrum.ieee.org/ computing/hardware/leaking-capacitors-muck-up-motherboards/0>.

[16] Moore Richard. Maxims of Napoleon Bonaparte: on war. Napoleonic guide; 1999 [online, cited May 28, 2012]. <http://www.napoleonguide.com/ maxim_war.htm>.

[17] National Center for Infectious Diseases. Update on multi-state outbreak of *E. coli* O157:H7 infections from fresh spinach; October 6, 2006. Centers for Disease Control and Prevention; October 6, 2006 [online, cited May 28, 2012]. <http://www.cdc.gov/ecoli/2006/september/updates/100606.htm>.

[18] Wilson Clay. High altitude electromagnetic pulse (HEMP) and high power microwave (HPM) devices: threat assessments. s.l., Congressional Research Service; 2008. <http://www.fas.org/sgp/crs/natsec/RL32544.pdf>. RL32544.

第 5 章

攻击手段和步骤

本章要点:
- 计算机网络利用
- 计算机网络攻击

5.1 计算机网络利用

计算机网络利用 (Computer Network Exploitation, CNE) 是一个具有军事背景的赛博战词汇, 人们对它的概念的理解可能会产生一些小小的偏差。在看到 "计算机网络利用" 这个词时, 我们可能不自觉地就会想到 "利用" 指的就是利用常用的系统攻击方法来获取权限或进行远程控制。实际上, 这里的 "利用" 是指利用从目标中收集到的数据和信息达到自身目的的能力。对计算机网络利用的官方定义: "利用计算机网络从目标或敌方的信息系统和网络中收集数据从而达到实施军事行动和进行情报收集的目的[1]。" 这些军事行动等同于赛博领域的间谍活动。计算机网络利用是赛博战的初始阶段。我们通常能够看到赛博侦察和监控行为的发生, 但是我们尚未明确发现国家间的赛博攻击行为。

5.1.1 情报和反情报侦察

为 CNE 确定谁是敌对方是一个相当棘手的命题。在虚拟世界中, 当我们提到某个敌人或对手时, 可能实际上指的是我们的对手实施攻击行为的二级或三级跳板, 甚至是四级或四级以上的跳板。换句话说, 当我们发现一个位于某国的主机群实施的 DDoS 攻击时, 很重要的一点是该攻击可能并非该国人实施的, 从某种意义上来说他们只是被利用的攻击节点。为了准确地确定敌对方, 我们需要研究我们所监控的攻击活动的攻击目标、攻击源、攻击者和发起者。

5.1.2 侦察

赛博侦察主要分为三类: 开源情报 (Open Source Intelligence, OSINT)、无源侦察 (Passive Reconnaissance) 和高级持续性威胁 (Advance Persistent Threat, APT)。由于这三种侦察方法是完全独立的, 因此它们在赛博战中均有其特定的作用。我们通常想通过使用 OSINT 来收集尽可能多的信息而避免直接暴露我们的关注点, 但更进一步, 当我们需要收集更多特殊信息时就需要实施无源侦察了。

5.1.2.1 开源情报

OSINT 所涉及的使用方法被设计成不会使我们的目标警觉到他们正处于我们的观察之中。第 4 章 "侦察工具" 小节中讨论的许多工具都可以归入这一类。DNS 信息审查、Google 搜索、从 websites 进行信息收集、文档元数据审查以及其他类似方法都是实施 OSINT 活动的非常好的手段, 因为我们在使用它们的过程中不会暴露自身的关注点。在 OSINT 中, 我们可能会从公共信息开始, 进而是工作相关信息, 然后是 Google 搜索,DNS 信息, 最后是元数据收集。当对某个目标实施侦察时, 我们通常会从 OSINT 开始, 然后再转入无源侦察。

首先, 在利用 OSINT 方法来实施侦察时, 我们希望使用的信息源不会暴露我们自身的关注点信息, 或者将这些信息控制在最小限度下。例如, 我们可能利用公共的基于 Web 的 Shois 查询工具来实施对目标的调查, 类似于该应用的管理员可能会发现一个有趣的现象, 某个政府合同机构的 IP 地址块突然对有关某国政府的系统的 DNS 信息产生了非常浓厚的兴趣。在这些案例中, 最好使用诸如洋葱头路由器 (The Onion Router, Tor) 等的网络隐藏技术, 并将此类查询分散到许多不同的源主机中。

对于确定的范围, 我们可以使用一些网络监控技术来达到 OSINT 目的。出于秘密活动需求的约束, 在对无线网络实施嗅探方面我们可做的工作十分有限, 有一些本质上完全被动的数据包嗅探工具, 在没有特殊手段从旁辅助的情况下这些工具很难被用于侦察。

> 小贴士: Tor 是一种网络隐藏工具, 主要用于将某个客户端的网络通信由多种不同的中间系统进行路由, 并随机选取其中的任意节点进行转发。虽然 Tor 工具确实能够提供一些针对目标系统或应用程序实施的追踪回溯行为的保护措施, 但其存在无法支持少数攻击和配置问题, 如端点主机中安装了特定的流量嗅探工具可能使得 Tor 无法发挥作用。该工具能够加载于大多数操作系统中, 其下载地址: www.torproject.org.

还有一些网络嗅探工具是通过电磁感应而不是通过直接接入网络完成侦察的, 理论上没有物理介质的泄露是无法完成侦察的[2]。通常认为光缆是不可能被利用来实施被动式窃听的, 但事实上也是可以做到的。一些低成本设备可用来读取透过光缆的绝缘保护层外的光泄漏, 而并不需要切断光缆[3]。

另外, 只要我们足够小心, 并且不与目标网络本身进行交互, 我们还可以在相对安全的无线网络通信进行窃听。即使是加密无线通信也可能泄露入网设备的相关信息, 如这些设备的名称和 MAC 地址, 通过这些我们通常能够推断出该网络环境的相当一部分信息。

5.1.2.2 无源侦察

无源侦察通过更加直接的措施在目标环境中获取信息, 但是对于实际目标来说是被动的。对于特定目标被动式攻击的一个好的方式可能是攻击目标使用的路由器, 然后切断或降低其他网络路径的数据传输用以引导数据包流向受攻击的路由器, 通过该路由器我们可能更易在通信网络中窃取信息。在本例中, 我们已经改变了网络环境来辅助实施侦察, 但是并未触及目标本身。

无源侦察将涉及我们在第 4 章中讨论的许多工具, 这些工具通过对网络或系统的直接访问来挖掘该网络或系统的详细信息, 有时攻击者会自己亲自动手编写侦察工具。正如我们已经讨论的, 无源侦察作为 OSINT 的下一步, 可能会部分依赖于 OSINT 活动所收集到的信息。在无源侦察期间, 防御者可能在无意识中就会通过网络中的其他活动节点将目标信息泄露出去。因此, 赛博战活动中的无源侦察可能与渗透测试中的无源侦察有很大的区别。

无源侦察中所用到的工具包括各种扫描工具, 如有线和无线网络嗅探器、端口扫描仪、漏洞分析工具、操作系统指纹识别工具、标志提取工具以及其他有类似功能的工具等。我们试图列举出基础设施组成设备、网络和系统的所在位置及其所处环境,评估端口是否开放以及这些端口上的服务运行情况,指纹操作系统,并评估其脆弱性。该过程并不是一成不变的,它只是一个通用的指南。多次的实践表明对感兴趣信息的链式追踪总能更快地推动我们的工作向前发展,而工作方法的改变绝对没有任何错误。

如果我们对目标环境的相关细节信息作细致的文档化整理工作,会发现未来我们的行动或攻击将会获得极大的成功。该文档将不仅会使得未来的攻击策划或更详细的侦察变得轻松,而且能够确保未来的某项行动中的所有信息来源保持一致。同时,应根据最新收集到的信息或目标环境的改变及时更新该文档。

5.1.3 监视

侦察与监视之间的主要区别在于,侦察倾向于对给定环境的一次观察,而监视是指连续不间断的观察[4]。可以肯定的是我们已讨论过的任何用于实施侦察行为的工具/方法都可作为监视工具/方法,事实上它们中的一部分确实可以有效做到,尽管这些工具的扩展操作可能会导致其被发现的可能性增大。一些通用技术仍然有效,可以适应更长期的对话音通信和数字通信窃听,或电磁频谱泄漏。

另一个需要关心的问题是监视行为的目标可能是针对我们国家或组织内部的。这些案例近几年来司空见惯,主要原因是几起重大恐怖事件的发生。为了应对这些问题,政府有时根本不征求民众的意见并以此为理由实施监视行为。这些项目通常以反恐、消除毒品交易或其他类似的名义付诸实施。尽管有相关法律来约束管理国内的监视行为,但政府会以公益事业的名义拒绝严格执行这些法律,有时甚至对其完全忽略。在本节中我们将对这些问题做一个深入探讨。

5.1.3.1 话音监视

话音通信系统是建立在模拟技术基础之上的,只要在电话线的某一点上进行设备接入就可以实施话音监视,称为搭线窃听。由于新系统的不断发展,这类行为越来越易于在远距离实施,但是我们依旧称其为搭线窃听。在数字电话系统中,这些监视行为相对而言更加容易实施,就像为系统某一特定位置控制话音流量或通过管理工具将一次人工操作翻译成很少的几个 "咔嗒声"。

> **警告:** 在全球大多数国家均普遍立法禁止实施监视行为。在大多数案例中, 不遵守特定法条的监视行为, 即使在私人拥有的组织内部, 也可能完全违反了相关法律并会被处以极高的罚金。如果确实需要实施监视行为, 强烈建议事先进行相关的法律咨询。

近年来, 基于 IP 的话音通信 (Voice over IP, VoIP) 对传统的模拟电话业务 (Plain Old Telephone service, POTs) 产生了很大的冲击, 并已取代其成为话音通信的标准。因此, 对于试图在诸如 VoIP 通信中进行监视活动是非常容易的, 主要由于 VoIP 固有的低安全性。

实际上, 对于非加密 VoIP 会话的窃听, 可能包括许多商业和消费服务, 就是利用某些嗅探设备实现对网络通信的访问。以这种方式, 话音会话的通信双方都能够被记录下来, 并利用如 Wireshark、Cain 和 Abel 等工具轻松地完成解码和回放, 这些工具都有一个简单的点击界面以给定的包捕获文件完成该话音会话的回放。

5.1.3.2 数据监视

数据监视通常是出于某种特殊目的, 由长期或中长期部署的基础监听设备完成的, 这些设备主要监听网络中的各种流量。

在小规模区域中, 例如我们可能需要在某公司中实施此类监视, 通常的做法是在该公司网络基础设施的关键节点部署特殊的监视设备, 如 NIKSUN 公司生产的各种监视设备。这类设备能够捕获网络中的各种流量, 用以进行接下来的各种攻击、应用、通信和面向网络行为等的分析。该方案可以很好地解决中小规模的监视问题, 但无法适应对更大规模数据监视的需求, 诸如对整个国家的交通和空中航线的监视等。为了解决此类问题, 政府部门希望有针对性地进行相关项目的建设, 并希望更多的组织机构能够进入这一领域并有所作为。

5.1.3.3 大规模监视项目

美国政府提供了一些不错的政府级监视系统的示例。Echelon 是其中较早用于实现大规模话音和数据监视的项目。Echelon 主要在 US-UK 安全协定框架下实施对网络信号的收集和分析, US-UK 安全协定签订国包括: 美国、加拿大、英国、澳大利亚和新西兰五国。Echelon 主要实现对国际卫星话音通信、电话网、微波通信以及诸如传真和 email 等的大规模窃听。Echelon 的最初目的是为了在 20 世纪 60 年代监视苏联及其盟国的通信。目前，其不仅用于监视恐怖主义和毒品交易行为，同时也用于常规情报信息收集。

20 世纪 90 年代美国联邦调查局实施了一个称为"食肉猛兽"(Carnivore) 的项目，将"食肉猛兽"安装于待监视目标的网络服务提供商 (Internet Service Provider, ISP) 的服务器上后，其能够过滤和记录所有经过目标的网络流量，该监控项目并不依赖上下文感知，只需通过发送地址和接收地址就可以完成通信过滤[5]。由于公众对其争议很大，"食肉猛兽"项目在 2001 年被终止，并被商业化产品替代[6]。

另一个对大规模数据监视的尝试同样由 FBI 推出，该项目为"幻灯"(Magic Lantern)，并于 2001 年对公众解密[7]。"幻灯"的工作原理与"食肉猛兽"略有不同。该工具通过挂有特洛伊木马的电子邮件实现对远程计算机击键的信息记录[8]。一旦目标主机成功执行了挂有"幻灯"的 Email 附件，"幻灯"就能够自动安装到目标主机上，并开始将日志记录发回至某个监视站点。2002 年，FBI 证实了"幻灯"的存在，但同时宣称从未将其付诸使用[9]。

"爱因斯坦"(Einstein) 是当前正在进行的面向政府的数据监视项目。该项目开始于 2002 年，主要用于对美国政府网络入口的非授权访问和入侵的监视[10]。该项目几经修订，至 2008 年其已全面达成，并在除国防部和某些情报部门之外的联邦政府部门强制推广。尽管该项目的初衷只是用来为美国政府部门的计算机系统提供保护，但同时其反过来也收集了这些网络系统的大量重要数据[10]。"爱因斯坦"项目的主要目的是"识别恶意网络通信来提高赛博安全分析、态势感知和安全响应能力[11]"。

美国国家安全局 (National Security Agency, NSA) 牵头实施了一项代号为"完美市民"的项目，其设计目的是用来检测在运行的各类公共/私有基础设施系统和网络的脆弱性[12]。尽管不作为强制实施项目，但是愿意参与此项目的组织或个人将会得到一笔以政府合约形式给予的数额可观的补贴。由此，令人担忧的事情已经发生，政府已经开始对提供公共事业服务的私人公司进行监控。

5.1.3.4 监视数据的应用

除了监视数据本身的直接应用之外，我们能够以这些海量数据为基础来挖掘被监视目标的行为模式。美国政府 (或其他国家政府) 正在就话音和数字通信中精确的行为模式进行一些相关研究。

自 9.11 恐怖袭击发生以来，美国政府特别是 NSA 已经实施了对话音会话的模式分析,其目的是挖掘各种可能预示某个恐怖袭击的话音行为模式[13]。利用此类技术,我们能够推断某个特定的话音通信模式极有可能是一种非正常行动的预兆,例如,一通由已知的恐怖主义国家打向美国某个地方的电话,接着从位于美国的该号码向其他六个号码发出了一连串的呼叫。当然,这里假设预知电话号码监视此类行为模式的发生,或者假设一个极其强大的计算能力可能超出了目前的实际能力。

5.2 计算机网络攻击

计算机网络攻击 (Computer Network Attack, CNA) 是一个军事术语,其定义为:"利用计算机网络扰乱、拒绝、抑制或破坏网络和主机中的信息或网络和主机本身[1]。" 同时,该术语与实施赛博战的黑客们或进行类似行为的个体攻击者的基本观点十分吻合,但是我们需要搞清楚的是这方面的国家行为与非国家行为之间存在巨大的不同。

仅从单纯的赛博战意义上来说,小规模团队或个体攻击者能够运用类似的武器来达到国家行为所达到的类似效果,但是两者之间的相似性仅限于此。个人黑客进入大规模僵尸网络指挥控制系统可以造成严重破坏,但将此类攻击提升到传统战争层面,或将赛博攻击配合其他攻击使用 (或用作其他攻击的补充),通常只有那些掌握更多资源的组织才能办到。

在讨论 CNA 时,另一个普遍的困惑是如何将其与我们在日常报道中见到的由黑帽联盟的黑客实施的攻击行为、赛博犯罪、其他非国家组织实施的攻击行为以及我们在渗透测试过程中对自身网络的攻击行为加以区别。总之,它们之间的主要的区别体现在攻击规模、攻击意图、攻击发起者以及攻击过程的完整性等。

黑客以渗透测试名义实施的攻击通常不会像常规战争那样 "直击要害" (Go for the throat)。许多此类攻击者致力于对目标环境的控制,但是并不实施实际战争中所需的破坏步骤。在实际的赛博战中,我们企图对目标产生重要的影响,如: 通过一个简单的赛博攻击可能导致大规模的破坏或使得重要基础设施瘫痪,或者使得诸如导弹跟踪系统 (Missile Tracking System) 等常规攻击防御系统失效而使常规攻击变得容易。

5.2.1 赛博时代作战行动

就其自身的价值而言,赛博作战能力不仅相对比较新颖,而且也在改变着传统作战的实施方式。我们对当前作战方式进行研究后发现，赛博能力为其注入了新鲜血液。在赛博作战中，我们必须将作战的物理、电子和逻辑元素作为主要因素加以考虑，同时需要考虑我们的行动动机及时间因素等。

5.2.1.1 物理作战

赛博作战能够对物理作战 (Physical Warfare) 方式产生十分重大的影响。考虑到严格的物理作战方式，部署于各地的美国士兵对于技术高度依赖，而这些技术极易受到赛博攻击。物理作战行动支持依赖于恰到好处的给养配送、按照作战计划调动兵力、通信保持以及一些其他因素等。如果上述行为中的一项或多项无法实施或情况变糟亦或被别有用心地改动，那么将会导致物理作战迅速陷入混乱。

另一方面，赛博作战行动同时也易受物理伤害的影响。如果通信线路被切断、电力供应不足、环境条件无法维持或者其他任何相关条件无法满足，那么相对脆弱的计算机系统和基础设施将变得多余。

物理作战与赛博作战两者之间相互影响。如果赛博作战忽视物理因素，就像我们失去了整幅画卷的一大部分而不自知。赛博作战作为战争不可或缺的组成部分，如果将其与战争的其他方面孤立开来会导致战争能力的不完整。

5.2.1.2 电子战

电子战 (Electronic Warfare) 通常被认为是常规或物理作战的一个子集，电子战对赛博战产生了深远影响，反之亦然。电子战主要涉及在电磁频谱上的攻击 (模拟/数字)，它是一个用于执行赛博作战的系统可加以利用的领域，同时，其对于干扰高度敏感。利用电子战手段，可使作战对手能够形成赛博作战能力的系统和基础设施失效，而并不需要实施物理打击。

同样的，用于实施电子战的系统通常具有高技术特性，并易受到赛博攻击的影响。可以想象，某个国家试图通过电子战攻击剥夺作战对手的赛博作战能力时，他可能会发现其自身的电子战能力已经被作战对手利用赛博攻击加以剥夺。

5.2.1.3 逻辑作战

正如本节开始时所讨论的，我们需要考虑严格意义上的面向赛博的攻击。此类攻击能够被用于侦察和监视，同时他们能够用来对其他系统和基础设施实施直接攻击。逻辑作战 (Logical Warfare) 作为 CNA 的本质，我们将在接下来的章节加以讨论。

孤立的逻辑攻击在整个战争的作战效果中缺乏有效的作战潜力。几乎所有政党都能够轻易获取并利用该类武器来增强影响，但缺乏后续的配合攻击决定了它的应用极其有限。如果我们用常规作战来借喻，孤立地使用赛博作战手段就像在常规作战过程中没有空中支援，这种情况确实存在，但其作战效果并不好。

5.2.1.4　被动攻击 VS 先发制人

就赛博作战攻击而言，从防守某项攻击或对作战对手的行动做出响应的意义上讲，我们充当的是被动攻击的角色；从提前采取行动来预防威胁发生或遏制作战对手行动向不利于我方的状态发展的意义上讲，我们充当的是先发制人的角色。如若具有赛博作战能力，那么我们能够采用某种不需要直接物理接触或具有明显伤害的手段来实施先发制人行动，而无须进行部队和物资的调动。

当我们需要对某种攻击行为实施反击时，我们可能将延续传统作战模式。尽管不需要向某个特定区域集结资源，但我们仍需要完成许多反击前的准备工作。综合来看，这可能包括大量的侦察活动 (本章 "计算机网络利用" 小节所讨论的)，以及从对目标的持续监视活动中获取有价值的情报信息。一旦准备工作全部完成，并已获得足够的信息来实施攻击行为，那么接下来我们将转入计算机网络攻击阶段。

如果我们准备主动实施赛博作战行动，那么我们的作战选择范围很大，直至 (且包含) 全方位攻击。尽管攻击已经预置于合适的位置，但为了发挥最大的潜在效能，其只在条件最合适以及对我方最有利的情况下才被触发。此类逻辑炸弹可于数年前完成设计和开发，并被植入作战对手的系统硬件设备中，我们将在第 6 章中深入探讨该问题。在这种情况下，精心谋划的先发制人行动能够导致作战对手所着重依赖的武器装备在某一恰当的时间全面地功能性瘫痪。

5.2.2　攻击过程

某一特定系统或某类特定系统决定了攻击过程的关注点。图 5.1 所示的攻击过程中，我们将侦察和扫描作为实施重点，为了收集到系统更详细的信息。当我们在实施计算机网络利用时，会不自觉地进行深入的侦察行为，因为我们对秘密和秘密行为的了解总是与其自身的实际存在有巨大的差距。接下来我们将试图通过直接的攻击入侵、社会工程学及其他方法获取系统访问资格实现对目标系统的访问。一旦获得了系统的访问账号, 我们可能需要提升其访问权限来达到自身目的。对目标系统的权限提升通常是为了获取 "Root" 或 "Administrator" 权限, 这两者允许我们相对自由地访问目标系统。假设已经获得了所需的系统访问权限, 那么接下来我们就将窃取任何我们想要的信息、做任何有利于我方的环境破坏、安装任何能够确保我方以后访问的工具。

图 5.1 攻击过程

在整个攻击过程中, 攻击者将试图掩盖其攻击痕迹。他们希望呈现给作战对手的攻击源所在的位置并不是其实际的物理位置, 或者通过其他方法来确保攻击不会被追踪溯源。攻击者同时希望在他们撤离系统后不会留下任何入侵痕迹。对日志记录或入侵证据的销毁是当今黑客和赛博犯罪活动的必修课。

5.2.2.1 侦察

我们已经在本章花费大量笔墨讨论了 CNE 背景下的侦察和监视。在这种情况下, 侦察是用来从目标环境中识别和发现信息。虽然我们可能已经在 CNE 阶段获取了一些一般性信息, 但是考虑到我们具有更高的权限需求和更多的窃取需要, 对于 CNA 和攻击过程背景下的侦察而言我们需要以更详细的要求搜索信息。

在详细侦察阶段, 另一个可能发挥重要作用的工具是社会工程。利用一些社会工程手段 (将在第 6 章中加以讨论), 我们能够获取某些详细信息, 这些信息能够使我们完成对目标系统的入侵访问, 而不需要采用消耗大量资源的全范围攻击。通过社会工程我们能够获取某个服务器或应用系统的共享口令，也能够通过搜索目标中的服务器或应用系统的物理环境，或者通过垃圾搜索及其他类似方式来获得一些账户名。

考虑到详细侦察任务的长期性，我们可能需要在某些特定系统中植入监控工具。诸如击键记录器之类的软件能够产生数量庞大的信息，尽管其中只有很小一部分信息存在利用价值，但是它依然值得为之付出努力。在一些未强制采用技术措施进行口令保护的环境中，我们通常能够发现在多个系统之间对口令进行了人工备份，这对于试图获取访问权限的入侵者而言简直是天上掉馅饼。如果在目标环境中使用了诸如 telnet、FTP 或 POP 等较低安全级别的协议，那么我们能够在网络通信中进行证书嗅探。侦察的全部工作可能涉及多种侦察工具或技术，并将根据目标环境的变化而变化。

5.2.2.2　扫描

在 CNA 的扫描阶段，我们所做的并不是侦察过程中的一般性端口扫描、指纹识别、服务器版本识别等，而是更加关注系统的潜在漏洞的发现。一般来说，我们将通过扫描应用程序或操作系统本身来获取更加详细的信息。

当我们试图从应用程序中收集更多的信息时，在检查程序代码和版本基础上，我们通常会重点关注那些对外提供的应用接口，如数据库的 Web 接口，并在此做深入挖掘。这一过程通常由人工完成且极耗时间，但是非常有用。通过这种方法，我们通常能够获取极其详细的信息，如错误信息中的数据库版本信息，通过 Web 接口实施 SQL 入侵攻击获取潜在用户名以及其他有价值的信息。

> **注意：** 应用程序不仅能够为我们对远程系统实施监视提供便利，也为我们进入操作系统提供入口。不安全的 Web 应用程序是此类攻击发生的主要原因之一。

我们可能想收集关于操作系统更多的信息，如详细的路径信息、正常运行时间或其他我们可以利用其通过推理来获得信息的所有细节。当我们进行到攻击和权限提升阶段时，此类微小细节可能会对我们实施攻击有所帮助。我们应该参考本章第一节对一般性信息的收集整理工作的做法，对上述信息做细致的文档化工作，这在整个攻击过程中将对我们的各项工作很有帮助。

5.2.2.3 入侵访问

对于某系统的访问入口的获取可以借助多种不同的工具和方法。如果我们在社会工程、垃圾搜索、窃取或复制访问卡 (如通用访问卡) 等前期准备工作中已取得成功，或者我们通过其他可访问的系统获取了相关的账号和备份口令，那么我们就能够利用合法身份轻易完成目标系统的登录访问。更复杂但更可能的情况是我们可能只知道系统的用户名，而需要利用第 4 章所讨论的工具来暴力破解或猜测口令，从而实现系统登录访问。

另一种可能使我们较容易实现目标系统入侵访问的方法是针对目标系统用户的个人系统实施客户端攻击。此类攻击主要利用客户端运行软件的漏洞作为攻击向量，如 Web 浏览器中的漏洞。相较于针对重点维护和补丁更新及时的服务器的入侵访问，通过对个人工作站的入侵访问获取目标系统的合法访问身份的机会更大。客户端攻击能够基于 Web 来实现，利用 Email 传送，并加载于 USB 驱动中，或者也能够通过其他任何可能的方法实现。特别是在非技术性工作环境中，此类攻击的成功率非常高，但是在高安全防护环境中此类攻击的成功率非常低。

为实现对某系统的入侵访问，我们也可以尝试利用操作系统或应用程序通用开发工具。在攻击过程中的某些时候在一般性侦察过程中，或者在攻击过程中需要进行详细信息侦察时，我们已经利用了一种或多种漏洞扫描工具。

5.2.2.4 权限提升

一旦我们已经获取了某个给定系统的一些访问入口，我们可能需要获取比当前所拥有的更多或更高的访问权限，通常称为权限提升。当我们试图获取比当前拥有账号更高级别的访问权限，通常称为垂直权限提升；当我们试图获取不同的账号，而这些账号的访问权限级别与我们所拥有的账号访问权限级别相同，通常称为水平权限提升。

任何一种权限提升都能够通过各种方法加以实现。我们可以利用与以前不同的开发工具集，因为现在我们已经成为系统用户并能够对系统实施合法访问，也可以充分利用错误或不安全的系统配置。在某些系统中，完全可能存在以下情况：我们用来进行目标系统访问的标准用户账号直接具有管理员权限，或者可能将这些标准用户账号权限提升至对操作系统标准功能实施操作。

我们也可以利用某些具有高级授权的应用程序权限。诸如执行备份等的程序需要具有比普通用户更高的权限，而这一点经常被利用来实施攻击行为。如缓冲区溢出或竞态条件等各种应用程序缺陷，允许我们通过当前运行的这些应用程序实现任意代码执行。我们也可以通过访问和修改不安全的解释脚本 (Interpreted Script) 或 Shell 脚本 (Shell Script)，从而绕过操作系统指令或获取某个操作系统外壳的直接访问权限。

5.2.2.5 数据窃取

一旦我们已经获取所需的目标环境访问权限，我们首先关心的是找出那些对我们有价值的数据，并将其集中放置于方便我们获取的位置，或者直接将其发送至我方的系统中。就机密性、完整性和可用性而言，数据窃取主要影响了机密性，同时也对可用性有潜在影响。

我们拥有各种不同的工具来实施数据窃取，主要包括：为了实现数据移动的特殊目的而开发的工具和协议、更加通用的数据窃取工具、允许我们破坏用于防止数据窃取的安全措施的特殊方法。

简单来讲，我们可以轻松利用通用的应用程序和协议实现文件或数据的移动。文件传输可以由文件传输协议 (FTP)、安全复制协议 (Secure Copy Protocol, SCP)、可扩展消息处理现场协议 (Extensible Messaging and Presence Protocol, XMPP) 或其他任何一种相关的通用协议完成。在许多环境中，我们可能会发现以这些特定传输协议传输的出口流量是被禁止的，但是超文本传输协议流量通常是被允许的，且其能够很好地满足我们的目的。事实上这是一个非常安全的环境，我们将无法利用某些输出协议来搭载信息。

5.2.2.6 攻击

攻击阶段通常被看作是一种军事行动，而其并未包含于能够准确反映我们的攻击过程的渗透测试过程中。从实际的赛博作战角度定义攻击，可能是一旦我们已经获取了某个主机的访问权限，完成了权限提升，并窃取到了感兴趣的数据之后，我们可能希望在目标环境中制造混乱。从军事角度讲，我们采用以下五个方面描述此类攻击行为的效果：欺骗 (Deception)、中断 (Disruption)、拒绝 (Denial)、抑制 (Degradation) 和摧毁 (Destruction)[14]，如图 5.2 所示。就机密性、完整性和可用性而言，这些攻击将主要影响可用性和完整性。

5.2.2.7 访问入口保持

一旦我们已经获取了某个系统足够高的访问权限，我们可能会希望对其进行重新配置以确保将来能够再次访问该系统。虽然我们在第一次进行

图 5.2 五种攻击效果

系统访问入侵时, 可能已经利用某个特殊的开发工具获取了目标系统的访问权限并完成了相应的权限提升, 但是我们不能保证在将来该入口点依然有效。为了应对这种可能性, 我们可以利用建立新账户、在更多的端口开放服务、安装指挥控制软件、在应用程序中预留后门等手段来提高未来再次访问入侵的可能性。

最成功的尝试可能是那些很不起眼且潜伏很深的并不易被系统管理员发现的手段。某些较明显的方法可能很快会被发现, 如在某系统中 (特别是面向网络的系统) 开放一个新的监听端口。另外, 需要注意我们在目标系统中留下后门的位置可能会被其他攻击者发现并加以利用。许多可用的预留后门在默认状态下都需要利用一个标准端口, 如果我们不对该端口做出改变, 那么我们能够轻易地启用预留后门。

5.2.2.8 扰乱

我们对目标系统所实施或试图实施的首要并持续发生作用的一个步骤就是扰乱。扰乱意味着使其 "混淆、迷惑或不知所措[15]"。扰乱不仅包括我们使用的入侵痕迹掩盖或清除方法, 还包括将任何可能的入侵事件调查者引导至完全错误的入侵源。扰乱工作贯穿于攻击过程的所有活动中。一些扰乱行为甚至在侦察之前就已实施, 一些扰乱行为发生于各种攻击行为过程中, 一些扰乱行为是作为我们永久撤离目标系统之前的最后一步。

我们可能使用的最简单且最早的扰乱策略就是防止我们的攻击行为被追踪回溯至我们的实际物理位置。这些工具主要是各种代理, 如 Tor (The Onion Router)、跳板主机 (作为攻击前的中间节点)、IP 欺骗或者其他任何可用来掩盖我们真实攻击源的方法。虽然有些工具本身并不完美, 但它们确为我们针对目标环境的行动隐藏提供了一定程度的保护。

我们需要确保不会在目标系统中留下任何数字证据。鉴于此, 我们可能会改变时间戳使得我们在修改任何文件时其原始修改时间不变,清除我们在目标系统中加载的所有工具,清除或改变日志记录,并确认未留下任何痕迹。另一方面,我们可能会故意留下此类痕迹并对其加以改动,使得这些痕迹指向另一个入侵源。如果我们能够成功地将所实施的攻击行为指向另一个完全不同的攻击源,那么不仅能够掩盖我们的攻击行为,同时还能够引起有效的混淆甚至促成某个意想不到的效果。

5.3 本章小结

本章我们讨论了计算机网络利用的基础。正如我们所讨论的,CNE 作为一个军事术语,其所说的 "利用" 并不是信息安全领域所讲的经典含义,而是需要从数据利用的角度来阐述,指的是利用侦察和监视所收集的数据达到自身的目的。

另外,我们讨论了计算机网络攻击及赛博作战的物理要素、逻辑要素和电子要素三个方面。还讨论了被动攻击和先发制人,及由此产生的各种不同的赛博作战行动。本章概述了攻击过程和工具及实施 CNE 和 CNA 的主要战略战术。这些工具并不唯一,其中大多数工具不难获取。虽然攻击过程很简单,但是如果某个国家想要在作战层面上实施赛博行动往往需要大量的资源、不断地尝试以及丰富的知识储备。

参考文献

[1] What are Information Operations. Cyberspace and Information Operations Study Center. [Online] July 24, 2010. [Cited: May 28, 2012.] <http://www.au.af.mil/info-ops/what. htm>.

[2] Leong, Patrick. Ethernet 10/100/1000 Copper Taps, Passive or Active? love-mytool. com. [Online] October 18, 2007. [Cited: May 28, 2012.] <http://www.lovemytool.com/ blog/2007/10/copper-tap.html>.

[3] Olzak, Tom. Protect your network against fiber hacks. *IT Security*. [Online] May 3, 2007. [Cited: May 28, 2012.] <http://blogs.techrepublic.com.com/security/?p=222&tag=nl. e036>.

[4] U.S. Marine Corps. Imagery Intelligence. s.l.: U.S. Marine Corps, 2002. MCWP 2–15.4.

[5] Tschabitscher, Heinz. How Carnivore Email Surveillance Worked. About.com.

[Online] 2010. [Cited: May 28, 2012.] <http://email.about.com/od/stayse-cureandprivate/a/ carnivore.htm>.

[6] Associated Press. FBI Ditches Carnivore Surveillance System. *FoxNews.com.* [Online] January 18, 2005. [Cited: May 28, 2012.] <http://www.foxnews.com/story/0,2933,144809,00.html>.

[7] Bradner, Scott. The FBI as an ethical hacker?. *Network World.* [Online] April 21, 2009. [Cited: May 28, 2012.] <http://www.networkworld.com/colum-nists/2009/042309bradner. html>.

[8] Sposato, Ike. The FBI's Magic Lantern. *WorldNetDaily.* [Online] November 28, 2001. [Cited: May 28, 2012.] <http:// www.wnd.com/news/arti-cle.asp?ARTICLE_ID=25471>.

[9] Hentoff, Nat. The FBI's Magic Lantern. *The Village Voice.* [Online] May 28, 2002. [Cited: May 28, 2012.] <http://www.villagevoice.com/2002-05-28/news/the-fbi-s-magic-lantern/>.

[10] Department of Homeland Security Department of Homeland Security United States Computer Emergency Readiness Team. *Privacy Impact Assess-ment EINSTEIN Program.* s.l.: Department of Homeland Security Depart-ment of Homeland Security United States Computer Emergency Readi-ness Team, 2004. <http://www.dhs.gov/xlibrary/assets/privacy/privacy_pia_eisntein.pdf>.

[11] (US-CERT), United States Computer Emergency Readiness Team. Privacy Impact Assessment for the Initiative Three Exercise. s.l.: Department of Homeland Security, 2010.

[12] Gorman, Siobhan. U.S. Plans Cyber Shield for Utilities, Companies. The Wall Street Journal. [Online] July 8, 2010. [Cited: May 28, 2012.] <http://online.wsj.com/article/SB10001424052748704545004575352983850463108.html>.

[13] Singel, Ryan. Top Secret: We're Wiretapping You. Wired.com. [Online] March 05, 2007. [Cited: May 28, 2012.] <http://www.wired.com/science/discoveries/news/2007/03/72811?currentPage=all>.

[14] US Air Force. Air Force Basic Doctrine. s.l.: US Air Force, 1997. <http://www.globalsecurity.org/military/library/policy/usaf/afdd/afdd1.pdf>. Air Force Doctrine Document 1.

[15] Dictionary.com. Obfuscate. Dictionary.com. [Online] 2010. [Cited: May 28, 2012.] <http://dictionary.reference.com/ browse/obfuscate>.

第 6 章

心理战武器

本章要点:

- 社会工程简述
- 军事上如何使用社会工程
- 军事上如何防范社会工程

我们已经在第 4 章和第 5 章讨论了技术层面的攻击行为, 本章我们将重点关注如何利用目标的社会行为来获取相关信息的问题。心理战 (Psychological Operations, PSY OPS) 是一种有计划的作战行动, 通过向国外受众进行有传递性的信息灌输和引导, 从而影响他们的情感、动机、客观推理, 最终影响外国政府、组织、团体和个人的行为[1]。军队实施心理战或其他特种作战已经有百年历史了。美国政府成立了特种作战力量 (绿色贝雷帽), 从心理和精神层面对敌实施打击而并非纯粹地使用暴力去赢得胜利。类似的技术被 HUMINT (Human Intelligence) 收集器和情报组织所利用, 使得敌方某些人背叛其国家成为间谍。相似的技术已经被国内精通骗术的人用来获取他人的信任, 并加以利用。许多方法被推销员所利用, 从而影响消费者使其购买极其昂贵的汽车。现在, 这些技术被黑客和赛博战士加以改进, 使得这些技术的应用对象违反相关政策和基本常识, 从而允许他们接触到某些关键数据。上述通常被称为社会工程。

6.1 社会工程简述

社会工程 (Social Engineering, SE) 是通过控制目标情感来影响其行动, 或者取得其信任后获取其系统的访问权限的一系列行为。这些行为可以通过直接接触、电话联系、电子邮件、社交媒介或其他类似方法来实施。社会工程与其他攻击之间的区别在于其媒介是人，而不是某个硬件设备，黑客们称之为"湿件"。

社会工程攻击的目的是，建立联系、获取目标信任、使得目标进行某种行为或提供一些信息，这些行为或信息是违反其所在组织政策或个人基本安全常识的。口才很好的人可以通过一通推销电话开始实施社会工程；而大多数攻击者需花时间根据对目标的已知信息来编造故事，并以此来实施社会工程。该攻击媒介在过去的几年中迅速发展，对于一些目标来说社会工程是主流攻击技术。

6.1.1　社会工程是科学吗？

社会工程是如何成为一种科学的？最近出版了许多有关身势学 (对身体语言和面部表情的研究) 的著作，如 Paul Ekman 的《微表情》，Marvin Karlins 和 Joe Navarro 的《每个人都在说些什么：一名前 FBI 密探快速阅人指南》。以及 Daniel Goleman 的《情商：为何其比智商更重要》、Malcolm Gladwell 的《眨眼之间：直觉的力量》，这两本书讲述了人们在无意识中是如何将直觉建立在敏锐洞察力基础之上的。上述研究开创了一种知识主体，该知识主体作为科学应用比作为技术应用更加合适。同时，这些研究正在不断积累原始资料，将该学科由一种技术逐渐向一种科学发展。

这就导致了"社会工程是否能被传授，或它是否是一种天赋？"的问题的出现。就社会工程是否能被传授存在一些争论，但这就像管理术、推销术或其他类似的技巧中存在的基本争论一样。虽然这些争论通常很激烈，但最后绝大多数均能就以下方面达成一致：有些人由于具有这方面的天赋，在经过培训和学习后对这方面的理解和掌握十分深刻；而另一些人在经过同样课程的培训和学习后只能达到平均水平。所以，某些人天生会变得十分精通"钓鱼"技巧，他们可能会熟练利用类似"推销电话"等的社会工程技术。同时，任何人都能够通过对基本原理的学习找出自身这方面的天赋所在。我们将要讨论的许多战术、技术和程序是技术和社会工程攻击相结合的产物。

6.1.2　社会工程战术、技术和程序

典型的社会工程利用由目标情况而定，一般存在两种情况：普通访问攻击和特定目标访问攻击。打个比方来说 (务必记住：大多数比方无法真

实反映出赛博空间的环境复杂性), 如果我们被命令下周去偷车。在普通访问攻击中, 我们可能会在某个便利店外蹲守, 一旦有人留下尚未熄火的汽车, 我们紧接着就上车开走 (记住检查儿童座椅是否有人), 或者我们可能会使用一把枪和车辆起重器轻松完成该工作, 我们还可能会学习传统方式通过热发动方式来启动汽车, 或者采用其他任何可能的技术。但如果我们被告知去窃取指挥将领的车 (一种特定类型目标), 那将会是另一种景象。在第一种情况中, 我们不需要做任何侦察, 但是现在我们需要在侦察上做足功课。我们得知道他们的座驾是什么, 并制定最完善的攻击方案。我们得弄明白哪种攻击得手的机会最小, 因为市长控制着警察机构。我们偷车可能有多种动机, 也许我们希望窃取行为在一段时间内不被发现, 也许我们希望窃取行为足够轰动而登上晚间新闻。该规则同样适用于赛博攻击, 但由于在社会工程中人与人之间的相互影响更加突出, 因此应更加关注对目标的分析和理解。

首先, 我们考虑普通攻击, 这些攻击的目的是获取任意系统或网络的访问入口。攻击者根本不会关心目标系统的所有者是谁。普通的钓鱼攻击就是一个好的例子, 发送 Email 的成本相当低廉, 每天大约会有183,000,000,000 封垃圾邮件产生, 其中 2.3% 用于钓鱼攻击[2]。这些系统本身会被攻击或者其被用来攻击其他系统 (称为 "僵尸" 主机)。在攻击者和攻击目标之间构建数量庞大的僵尸网络是十分有用的。由于攻击者并不关心系统的所在位置或该系统正在做什么, 因此就没有进行侦察的必要。由于可以付出少量的代价通过较少的中间系统, 因此攻击者可以直接转入攻击阶段。若以此建立一支僵尸网络部队, 这将是一项基于社会工程的非凡技术。

另一个普通攻击的例子是向特定目标释放病毒 (也就是说, 仅攻击指定的军事系统)。病毒是一段恶意代码程序, 它需要用户运行才能发生作用。攻击者能够将病毒加载进 Word 文档、PDF 文档、Power Point、图片, 甚至是某个游戏之中。受感染文件在打开并运行的同时, 病毒随即感染目标系统 (也就是说, 当某个目标系统用户在打开 Power Point 文档后, 将触发病毒程序完成对系统的感染)。此类攻击只是完成对目标系统的病毒感染, 而暂时不进行相应的攻击行为。此类攻击也可以通过蠕虫完成实施, 而不需要目标用户的参与, 蠕虫在完成对某个系统的感染后, 通过该系统完成对其他系统的感染, 但是此种攻击行为不属于社会工程攻击, 该类攻击可归类为技术攻击。因网络中翻译网站的不断增加以及从目标国家访问感兴趣新闻更加便利等原因, 使得实施此类攻击更加容易。基于合理的语法和文化背景制定的脚本通常能够使受害者上钩。

> **注意：**
>
> 用于身份窃取的标准攻击类型有：
>
> - 网络钓鱼攻击 (Phishing)：向大量的地址组 (百万级) 发送大量的垃圾邮件。该邮件试图诱使用户打开其附件或点击进入某个 Web 页面，一旦用户实施了上述行为中的任何一个，就将导致其计算机系统受到感染 (假设该计算机系统是存在漏洞的)。
>
> - 网址嫁接攻击 (Pharming)：将用户错误定向至某恶意网站。
>
> - 鱼叉式网络钓鱼攻击 (Spear Phishing)：主要针对特定目标，并向其发送经过精心设计的邮件，诱使用户打开并完成感染。该攻击多针对某网络的系统管理员或目标的项目管理者。该攻击需要对欲攻击目标做详细的情报收集。
>
> - 捕鲸攻击 (Whaling)：该类攻击属于鱼叉式网络钓鱼攻击的一种，主要针对目标组织的高层领导者。
>
> - 短信欺诈攻击 (Smishing)：设计专门的短信诱使用户访问某个网站，从而泄露个人信息。
>
> - 电话钓鱼攻击 (Vishing)：利用 VoIP 获取系统中的个人或金融数据。

现在，我们将分析特定目标攻击。攻击者在接近攻击目标之前，会尽可能地通过 OSINT(军事术语) 对目标进行深入了解。民众称之为 "谷歌" 一下某人。攻击者希望了解攻击目标的兴趣爱好、所担心的事、动机、态度以及欲望，这些有助于攻击者根据具体实际调整攻击行为，增加攻击成功率。关键信息主要包括有特殊意义的日期 (生日、结婚纪念日等)、住址、电话号码、家庭成员、兴趣爱好、社会关系、照片以及工作和受教育经历。社交网络是与攻击目标进行接触的重要场所，对于其在这些地方留下的电子足迹的了解是多多益善的。我们可以通过许多渠道了解攻击目标，如：

- 可以通过诸如 Facebook 或 MySpace 等社交媒介获取相关个人信息 (社会关系、喜爱的体育运动、从事的志愿服务、宗教活动、政治信仰……)。
- 可以通过诸如 LinkedIn 网站或 Monster 工作网站获取相关的职业信息 (同时能了解攻击目标当前从事的工作)。
- 可通过诸如 Google earth(谷歌地球) 等网站或诸如 Foursquare 等本地服务器获取地理信息。
- 诸如税务记录和房屋产权记录等的财务信息。

- 可通过推特或博客了解其当前的一些见解和想法。
- 诸如其在 "第二人生" 或游戏网站等虚拟世界的信息 (在虚拟世界中人们可以通过他们创建的任何角色与他人进行交往)。
- 诸如其在大学校友会、俱乐部、职业团体或业余爱好团体等组织内的身份信息。

6.1.3 社会工程接近技术类型

一旦攻击者已经获取了必要的背景信息来接近攻击目标,那么他们就需要判断能够接近攻击目标到何种程度。对攻击目标的接近程度由低到高分别是: 观察、交谈、会面、审问、拷问。他们可开始于数字或物理观察。紧接着就是通过电子设备、电话或面对面的交谈, 通常攻击者在该阶段决定拉拢或攻击哪些人。这种情况通常被称为引诱,通过看似不经意的交谈完成信息获取。这些欺骗或故事都是需要建立在社会工程中所谓的谎言编制能力基础之上的。这些能力来自于掩饰设定的剧情,通过这些设定的剧情可获取那些掌握或可接触到信息的人的信任,使其违反规定或基本常识将信息交付给攻击者。镜像法被用于所有攻击类型, 在此尤为有效。例如采用与攻击目标类似的说话方式 (或邮件风格),可更容易与攻击目标进行交流。

> **小贴士:** 隐私对于成长于不同时代或不同文化背景的个体来说,其内涵也不尽相同。许多年轻一代 (有时称其为 "数字土著") 均是伴随着计算机成长起来的,他们生活中的绝大部分时间都是在网上度过的,更重要的是他们中的某些人将生活日志作为其个人公开主页的一部分。他们对隐私的看法与供职于军队或情报部门的人员完全不同。如果他们与某些攻击目标有一定的关系,那么其可作为对攻击目标实施攻击的媒介。明确什么是禁止的什么是允许的对所有的政党来说都是十分重要的。

> **警告:** 1999 年颁布的金融现代化法案 (又称为格雷姆 - 里奇 - 比利雷法案) 对金融领域的犯罪做了规定。根据联邦法律, 任何人若有以下行为将是违法的[3]:
>
> - 利用伪造的、虚假的或欺诈性的声明或文件从某金融机构或从金融机构的某个客户处获取客户信息的行为;
> - 利用伪造的、遗失的或盗取的文件从某金融机构或从金融机构的某个客户处获取客户信息的行为;

- 利用伪造的、遗失的、盗取的、虚假的或欺诈性的声明或文件, 获取其他人的客户信息的行为;
- 联邦贸易委员会法案同样禁止公开客户的敏感信息。

下一项对攻击目标的接近技术是会面或审问, 这两者都需要受害者认同攻击者的权威。这可以通过伪装成为做出某项决定而需要特定信息的客户, 或伪装成有权获取信息的政府人员, 亦或通过恐吓手段等实现。这些攻击可突然实施, 或者在与攻击目标建立了某种程度的信任关系后实施。攻击者可以使用印章等手段对其身份进行掩饰, 或者通过电话或电子邮件等手段伪装成合法信源实施欺骗。例如, 可以通过帮助台 (Help Desk) 联系某个目标, 并告知由于在最近的系统更新过程中出现了一些错误, 其需要对个人账号进行重置。绝大多数人希望得到帮助, 并无意识地信任其计算机。对帮助的依赖和对计算机的信任是对其实施攻击的关键所在。所有这些技术并不是利用他们的自然对抗性。通常, 最有效的技术是建立在普通联系的基础之上的。所有这些技术都需要建立一种信任关系。最后, 为了实现审问的目的, 需要动用拷问手段, 但这超出了社会工程的范畴。图 6.1 给出了入侵程度不同的目标接近技术。

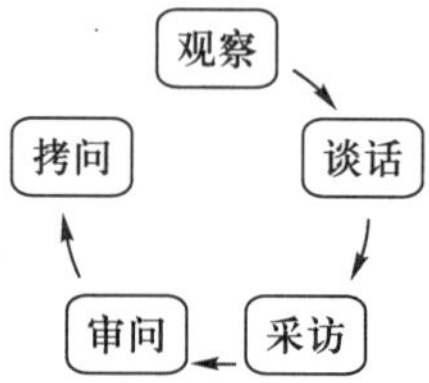

图 6.1　入侵程度不同的目标接近技术

6.1.4　社会工程方法类型

典型的用于一般信息收集的方法可分为两类: 物理的和电子的。物理的信息收集技术包括: 垃圾搜寻 (Dumpster Diving, 在目标的垃圾文档中挖掘有用信息)、肩窥 (Shoulder Surfing, 在目标工作时窥视其主机屏幕或键盘)、监视 (Observation, 跟踪目标行为和思想活动)、间谍设备 (Spy Gear, 诸如定向传声器/隐蔽摄像机) 以及伪装 (Impersonation, 伪装成技术员潜入目标)。电子的信息收集技术包括: 公开的 Web 搜索 (学会利用搜索引擎的所有功能), 收费的搜索站点 (如 Intelius 或 US Search)、信用信息查询 (Credit Information Requests)、社交网站搜索 (Social networking site searches)、职业网站搜索 (Professional networking site searches) 以及地理信息站点 (如谷歌街景)。

　　虽然这些信息通常是公开的, 但社会工程可能需要某些工具使得相关的情报研究更加有效。这些工具或提供工具的站点有:

- 美国 Internet 号码注册中心 (ARIN, 北美 IP 地址信息和电话号码)
- 资讯自由法案请求, OpenBook (脸谱搜索)
- Maltego 3 (链接映射, 一种互联网情报分析工具)
- 社会工程工具包 (针对用户的技术黑客)
- TwitScoop 和 Tweepz (推特搜索)
- Trendistic (跟踪推特热点)
- TwitterMap (地理位置)
- PicFrog (图片搜索)
- TinyURL (允许 URL 重定向)
- Edgar (www.sec.gov/edgar) (企业信息)
- 类似于 Spokeo(人物搜索) 和 Telespoof (呼叫者 ID 欺骗) 的网站实物工具, 如:
- 道具 (诸如写字夹、工具箱和投递货物等)
- 假的商用名片、伪装 (面容或服饰) 以及假冒的或复制的印章
以上只简要列出了一些可用于社会工程的不同类型的工具。

　　在 2010 年发生了一件引发媒体关注的事情, 在国际黑客大会 "DEF-CON 18" 上举办了名为 "你的闲聊功力有多强?" 的社会工程夺旗竞赛。一直以来夺旗竞赛都是基于网络的, 但在 2010 年出现了一个社会工程的夺旗竞赛 CTF。下面是对该事件的报告摘录:

　　"首先为参赛者指定目标公司, 每个参赛者允许用两周时间使用被动信息收集技术构建该公司的信息轮廓。在这期间, 参赛者和目标之间不允许有直接接触。这些信息被编成一个档案, 该档案将上交评分, 作为其分数的一部分。在 DefCon 大会期间, 选手们有 25 分钟时间打电话给他们的目标, 收集尽可能多的旗, 组成他们得分的剩余部分。旗子的相关信息挑选的是非敏感信息, 基于获得某旗子相关信息的难易程度为每个旗子赋值。25 个旗子中的其中几个为: 内部的信息支持、新员工雇佣过程、反病毒的使用、是否有自助餐厅、无线站点、建筑物入口的通行证、使用何种操作系统等。

复杂的搜索使得参赛者收集了不少的 PDF 文档和网页来详细回答他们的每一个问题。一个有趣且令人惊讶的现象是谷歌街景被作为信息收集工具使用。制定的总体攻击计划是参赛者成功的关键。这方面最有趣的是如何简单快速地用相对短的时间,即使是在有压力的情况下打电话,从公司那里获得信息。最终结果是给 15 家公司打了电话,其中 14 家的旗子信息被获取[4]。"

在国际黑客大会 "DEFCON 19" 期间,举办了 "闲聊的方法" 活动,并为8~16 岁的青少年订制了相应活动的 "少儿版"。据黑客大会年底工作计划,"DEFCON20" 的竞赛项目为 "性别的战争"。

6.2 军事上如何使用社会工程

军事上始终进行着间谍和反间谍的业务, 他们也是审讯专家。间谍是长期的欺骗,而审讯则一般是在紧急情况下用于获取信息的方法。本节将关注短期内的数据收集 (或短期的欺骗)。我们关注的是用于提取信息的技术,并讨论如何在过程中应用社会工程。

首先,我们必须明白,这些技术已经得到发展并在平时和战时发挥着作用。它们通常是在受控的环境中发挥作用,类似于在执法机构中使用的技术。基本原则与社会工程类似,其基本原理和许多技术运用于社会工程攻击。军方训练审讯人员,并让他们毕生致力于该领域。他们精通分配给他们的地区的语言和文化。人工情报人员或审讯者经过培训能够甄别难民,处理美国和盟国军队任务报告中给出的情报,审讯战犯,接触投敌者,利用俘获的材料,与主战国联络,需要时充当翻译及与当地居民交往。

6.2.1 美陆军条例

我们将讨论美陆军如何处理审讯,因为在地面上由他们来处理这些问题。我们将探讨的基本技术都来源于 "2006 年 9 月的 FM 2-22.3 人工情报作业[5]。"

目标: 在这一阶段的目标是与信息源建立关系,使得情报来源能针对人工情报收集者的问题提供准确和可靠的信息。

主要原则: 从心理学角度来看,人工情报收集者必须认识到下列行为。
- 在艰难的情况下, 面对善意和理解他们更愿意敞开心扉。
- 当面对上级权威时, 他们表现不同。

- 在个人和文化派生的价值框架内行动。
- 服从于物质上, 特别是情绪上的自身利益。
- 遇无序情境或陌生情境时, 疏于想起或应用曾受过的安全教育。
- 更愿意讨论关于人工情报收集者演示的相同或相关的经验与知识的话题。
- 喜欢被奉承, 喜欢免于罪责。
- 对人工情报收集者作为例行事务对待的话题较少重视。
- 贬低他们尊重的东西会招致愤怒, 特别是被他们不喜欢的人贬低时。

这些原则被用来设计实施方案、制造友善氛围、建立某种关系, 让人工情报收集者在这种关系里呈现出旨在引起情报来源合作的逼真人物角色。在军事上, 事情通常按照既定程序进行, 并且针对某个任务 (如审讯), 应该有书面计划。这并不是说他们不灵活或抵制创新, 而是说他们希望增加完成任务的机会, 并且发现这些做法确实能够增大胜算。人工情报收集者必须确保他们的身体语言和个人表现与他们的方案相匹配。

一些标准的操作方法和技术有: 直接式、激励式、情感式 (爱/恨/恐惧/傲慢/徒劳/生气)、"我们知道一切" ("文件/档案")、"速射" (不让他们说话)、"马特与杰夫" ("好警察/坏警察")、"假旗帜" (冒充/虚假身份)。这些技术之间的关系, 如图 6.2 所示。直接式简单明了, 就是告诉对方他们想要什么, 并使用面谈/审讯的技巧, 以说服他们进行合作, 共享信息。这种技术在常规战争中非常有用, 但在反叛乱或社会工程中却不是非常有用的。第二次世界大战的审讯行动的统计数据显示, 在当时, 直接的方法 90% 有效。在越南战争和 "紧急狂暴行动" (格林纳达, 1983 年)、"正义之战" (巴拿马, 1989 年) 和 "沙漠风暴" (科威特和伊拉克, 1991 年) 中, 直接方法的有效率为 95%。对于直接式在 "永久自由" (阿富汗, 2001—2002 年) 行动和 "伊拉克自由" (伊拉克, 2003 年) 行动中的有效率尚在研究中, 但非官方的研究表明, 在这些战争中, 直接方法的成功率已大不如前[6]。军方仍在分析原因, 但一个共同的假设是, 由宗教狂热主义引发的动机比传统民族主义所引发的动机更难瓦解。

直接方法有一些较为有效地一般类型问题: 初始问题 (启动对话)、主题性问题 (重点是确定对他们将进行多少交流和他们的知识水平如何)、跟进问题 (确保获取所有的主要信息和外围信息)、无关问题 (建立友善氛围, 使对话持续下去)、重复问题 (看他们是否前后一致)、控制问题 (建立对照基线)、预设问题 (面试者并不熟悉的领域或技术性很强的话题)。其中关键是控制问题 (基线) 问题。建立对象的行文标准, 用来判断他们什么时候是在说实话。就像谎言测试一样,开始会询问姓名、地址这样的问题,然后逐步转移到与愧疚行为有关的问题,这样就可以将压力反应与基线反应相对照。社会工程者必须了解目标在无压力状态下的表现。

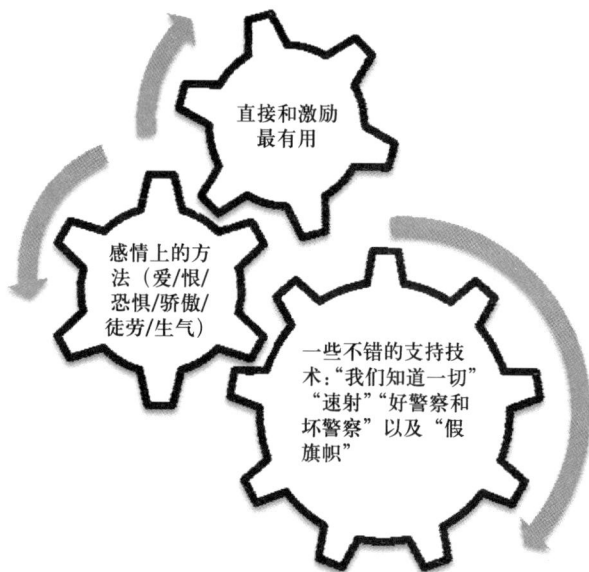

图 6.2   需要整合的各种方法

间接方法或启发式方法常常是非常有效的,因为我们将信息收集与目标感兴趣的普通谈话结合起来,能让他们感觉不到正在被审问。启发式是一个复杂而巧妙的技术,在传统的信息收集技术不能奏效时使用。在所有的信息收集方法中,其是最隐蔽的。但是,需要注意的是,启发式方法是一个有计划、有步骤的过程,需要精心准备[7]。面谈人员对目标了解得越多,效果越好,这样他们就可以有自然流畅的谈话了。例如,他们可以从分享自己已有的信息开始,那么目标就可能假定面谈人员知道一切,也就愿意毫不避讳地谈论事情的细节。面谈人员可亲自去做这些事,也可借助社会媒体进行。

接下来是激励。这种方法基本上是指提供给目标他们想要或需要的东西。我们首先能想到的与此相关的手段就是贿赂,这很简单,简单到只需要通过电子邮件主动提出帮助目标提升网速即可。若将该方法与恰当的情绪结合在一起,会十分有效。情绪的方法是与目标的情绪进行互动,以使目标采取正常情况下不会采取的行动。被人们熟知的恐吓软件就是相关的例子。当一个弹出框宣称系统有问题，可通过安装免费更新来修复时，这就是一个恐吓软件的例子。其中的免费更新其实是木马病毒，除了破坏系统外没有别的作用。这种方法基于恐惧，其他可被利用的情绪有：爱（多种形式）、仇恨或愤怒（我们对他们的）、傲慢（他们自己本身或其组织）以及徒劳（没有其他选择）。当我们与目标面对面时，更容易选择恰当的情绪来利用，因为我们可以从目标的肢体语言或电话上判断其说话的语气，并根据这些情况改变方法。这种方法的目的是操纵目标的情绪，使他们超越自然的认知反应。

另一个知名的技术是："我们都知道" 或 "文件/档案"，审讯者走进来，并在桌上放置一个标有 "目击证人陈述" 或一张标有 "监控录像" 的 DVD。里面并没有实际信息，但审讯者可以这样说 "我们已经有了需要的证据，但在提交最终报告之前，我们希望能从你的角度得知事情的经过"。表明审讯者已经有了支持其观点的基本资料，只需要目标提供些细节而已。如果目标仍然拒不交代，那就该尝试速射法了，即我们不停地打断他们的说话，使他们感到沮丧，目标一急便说出一些关键事实，这时我们就开始倾听。速射法也可用在当目标将要说一些审讯者不想让他们说的话时，如 "我从来没有去过那个网站"，因为一旦他们撒谎，我们就会更难接近事实，在我们说出真相前，我们还需要让他们先承认已经撒了谎。

我们要讨论的最后两个方法是，"马特和杰夫"（或者叫 "好警察/坏警察"）和 "假旗帜"。我们都看过电影中咄咄逼人的和富有同情心的采访团队。目标将会认同有同情心的人并且向他们讲述自己的故事，以使这个富有同情心的人保护他们免遭咄咄逼人者的伤害。后者也有可能确实是在为同行的行为真诚道歉。但典型情况下，"好警察" 将帮助目标理顺他们的行为，使他们能够敞开心扉谈论自己。这类方法被社会工程者付诸实践的一个途径是社交网站，我们可以为实施攻击制造一个以赛博恶霸形象出现的 Fakebook（假 Facebook）人物，再制造一个装作保护目标的人物。最后一种方法是使用 "假旗帜"。对军队来说，可能是让一个新的审讯者加入进来，假装其来自于某个友好的国家或者像红十字会这样的非政府组织。这非常有用，因为它不过是假冒一下身份，却为社会工程的实践打下了基础。

可以看到，大多数的军事技术能够直接适用于民用部门，可用于物理和网络环境。军事上可供借用的最重要的方面是已被证实的成熟战术、技术和规程，以及详细周密的任务准备和规划。将这些应用于社会工程时，将赋予攻击者强大的任务执行能力。

6.3 军事上如何防范社会工程

正如"军事上如何使用社会工程"一节所述,军方始终都在进行间谍与反间谍的活动。反间谍技术与防御社会工程的技能是相同的。当代的士兵需要掌握反情报侦察 (CI)、反恐、反暴力以及作战安全 (OPSEC) 技术。本节将关注战术层面的反间谍行动。首先我们回顾一下关键概念的条令定义:

- 反情报侦察: 为防御间谍活动, 其他情报侦察活动, 蓄意破坏活动, 由外国政府 (或其军队)、外国机构、外籍人士或其代表所实施的暗杀行动, 或者国际恐怖主义活动所开展的行动和信息收集活动[1]。
- 赛博反情报侦察: 识别、渗透或压制外国行动的措施, 这些行动包括使用网络手段作为主要的间谍活动手段, 以及使用传统方法来判断网络能力和意图的信息收集[1]。
- 反间谍: 反情报侦察的一个方面, 通过个人、团体或组织进行识别、渗透、操纵、欺骗、镇压, 来探测、破坏、压制、利用或阻止间谍活动或者可疑活动[2]。
- 反恐: 直接针对恐怖主义网络采取的行动, 以及间接地影响和渲染全球和区域环境使之不适宜恐怖主义网络的生存[1]。
- 武力防护: 为抵御针对国防部人员 (包括其家庭成员)、资源、设施和关键信息的敌对行为所采取的预防性措施。武力防护不包括为击败敌人或防止意外事故、天气或疾病所采取的行动[1]。
- 作战安全 (OPSEC): 是一个过程, 首先识别关键信息, 随后分析伴随着军事战争的非对抗性行动和其他活动: (a) 辨识那些可以被敌方情报系统观察到的行动; (b) 确定敌方情报系统获得的指示, 可以解释或拼凑起来以及时得到的有用的关键信息; (c) 选择并采取相应的措施, 使得我们的行动中可被对手利用的漏洞消除或降低到可接受水平[1]。

军方依赖于机密性, 他们部署了加密技术、数据密级分类、人员许可制度以及一整套流程和规章。士兵、飞行员、海员、海军陆战队懂得国家给予他们的信任, 也理解国家安全可能遭受破坏的程度 (不一定是单个数据的丢失, 也可能产生整体信息影响)。赛博安全已成为国家反情报侦察战略的重要组成部分, 如图 6.3 所示。保护国家安全, 防止国外间谍和针对IC、国防部的电子渗透, 保护美国的经济优势、商业秘密, 并为此掌握相应的技术, 已成为它们的核心责任。

反情报侦察行动也有进攻性的一面。有时需要设置陷阱 (在赛博空间叫做 "蜜罐") 以吸引内部人员访问那些非授权的信息。我们需要带有嵌入式信标诱饵文件, 诱饵文件中的信标可回报自己位于何处, 这样我们就能知道什么被泄露了。我们需要资金供给, 以进入有动机和手段攻击美国的某些组织的内部, 查看他们窃取了什么。我们需要对工作人员进行演习和测试, 以评估我们的战备水平。最后, 我们需要对被抓住违反策略的个人施加惩罚。

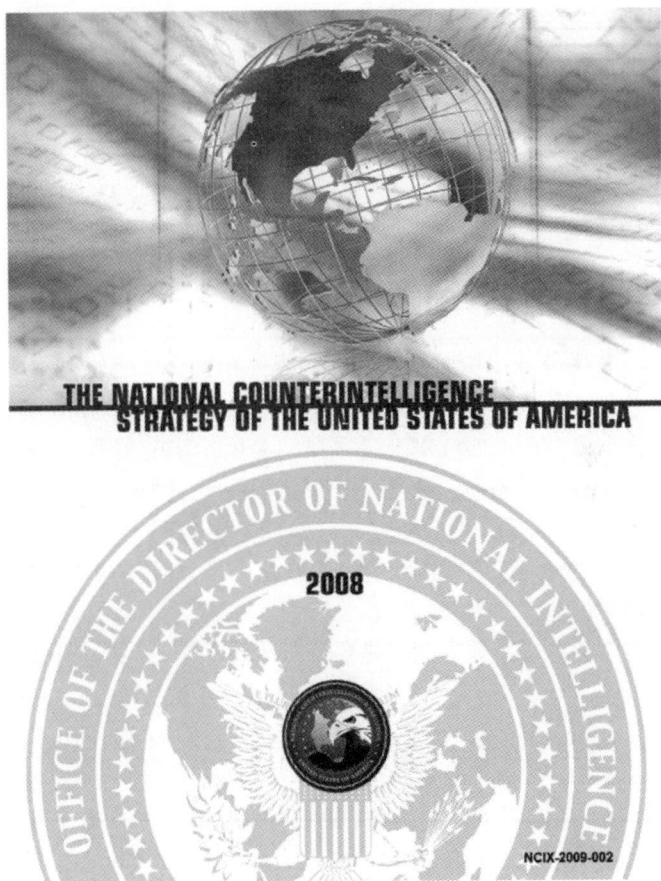

图 6.3　反情报侦察关乎国家安全; 这是美国的战略[7]

6.3.1 陆军如何开展反情报侦察行动

陆军条例 ("AR381-12 威胁意识和报告程序", 2010.10.4, (在老兵中称为 "对美陆军的颠覆和间谍活动", 或者叫 SAEDA)) 规定了反情报侦察行动的培训需求和报告程序。它列出了相关指标或可疑活动, 如: 国外势力或亲戚、不顾安全的做法、不寻常的工作行为、资金问题、出国旅游、不当利益、教唆他人、极端主义行为。反情报侦察行动的流程基本上是鼓励每个员工都充当安全官员, 既监管自己也监管同事。该程序围绕两个基本原则: 情景意识和行为监视。既针对他们自己, 也针对其他工作人员。如果做得很好, 将会全面打击犯罪、内部威胁 (心怀不满或不稳定的工作人员)、外部威胁 (国外特工和恐怖主义者), 以及当今的社会工程者们。如果做得不好, 就会发生危险事件, 如未经授权在诸如 WiKiLeaks 等网站上发布大量有关美国对伊拉克战争的机密文件。为简便起见, 我们不会深入探究海军和海军陆战队的处理过程, 虽然这两个军种都很善于在自己的领域制定流程和规程。

6.3.2 空军的反情报侦察措施

空军公共事务处出版了一本《社会媒体指南》社会媒体和空军 – 空军公共事务处。其最重要的 10 条建议里包括以下几项: 作战安全对我们的任务至关重要, 在与敌作战中, 要清楚自身所扮演的角色, 因为它为敌人了解你的信息奠定了基调。这是一个很好的例子, 因为它做了多件事。首先, 指南更多的是关于我们应该使用什么而不是我们为什么不应使用网上那些不同种类的通信应用程序。第二, 它是一个正式的政策, 包括了行为不检的惩罚措施。

防御能力的一个重要方面就是要分析泄露的信息, 并进行适当的调查, 以确定采取什么行动。历史上有很多这样的例子, 像 Aldrich Ames、Robert Hanssen、Vladimir Vetrov 上校、一个被称为 "告别档案" 的克格勃背叛者 Gregg Bergersen、被美国驱逐出境的 11 个俄罗斯间谍等。但这些行动费时、代价高昂、风险极大, 很多时候我们可以通过赛博侦察来获取同样的材料。而且被抓的风险较低, 获取访问的速度较快, 成本也较低。我们已经广泛地讨论了计算机网络利用, 当其与社会工程结合使用时, 便会带来间谍活动模式的转变。这就要求我们重新审视那些用于抓获传统间谍的技术, 其中包括详尽分析、审计财务记录、从同事那里获得提示、采取进攻行动以获取敌人文件 (以查出谁变成了间谍) 及鼓励背叛等。

6.4 本章小结

对于所有的组织和个人来说,社会工程都是非常危险的威胁载体。它需要通过培训和警惕来加以抵御。例如,社交网站上的一个简单问卷,要求人们回答关于自身的一些问题,以使彼此能够成为更加亲密的朋友,而这其中便可能包括了组织重置他们的密码时所问的问题,组织可能就这样处于威胁之中。我们需要确保人们是警惕和谨慎的 (请记住,如果他人会主动伤害你,这样做就不算是过度猜疑)。我们可以利用军方所积累的经验教训来理解这些社会工程手段是如何发挥作用的,以及我们该如何防御它们。对社会工程的防御重点是行为。

必须经常性地执行策略、加强企业文化及开展训练,以确保全体员工保持警觉。培训员工的情景意识是一个良好的反社会工程计划的关键。这方面的训练,必须持续不断地从多种渠道获取信息 —— 电子邮件、会议、正规培训。应通过某些演习来测试员工的警惕性,如发电子邮件给员工,要求他们访问一个网站,输入自己的密码,却只发现一条从公司发送的消息,"如果这是真正的攻击,黑客就已经侵入我们的网络了。" 安全审计应包括社会工程攻击的内容,从而验证培训的有效性。在黑客界有一句谚语"你不能修补愚蠢",这往往指出一个事实,如果一个组织有强大的技术安全保障基础设施而无从攻击,那就可以通过其人员下手。人员其实并不愚蠢,他们只是不明白自己的行为所可能带来的风险。而培训可以解决这个问题。

概括起来,随着社会化媒体的威胁载体的领域不断增长,抵御它的唯一途径就是: 保持警觉、用户培训和验证演习。

参考文献

[1] DoD. Joint electronic library [online, cited: May 28, 2012]. <http://www.dtic. mil/doctrine/>.

[2] Commtouch software Ltd Q1 2010 Internet threats trend report [online, cited: May 28, 2012]. <http://www.commtouch. com/download/1679>.

[3] 1999, Financial modernization act of. Federal trade commission. Facts for consumers [online, cited: May 28, 2012]. <http://www.ftc.gov/bcp/edu/pubs/consumer/credit/cre10.shtm>.

[4] Hadnagy CJ, Aharoni M, O'Gorman J. Defcon 18 social engineering CTF—

how strong is your schmooze. socialengineer.org [online, cited: May 28, 2012]. <http://www.socialengineer.org/resources/sectf/Social-Engineer_CTF_ Report. pdf>.

[5] Army, US FM 2-22.3 (FM 34-52) Human Intelligence Collector Operations. Public affairs; September 2006 [online]. <https://armypubs.us.army.mil/doctrine/DR_pubs/dr_ aa/pdf/fm2_22x3.pdf>.

[6] Office of the director of national intelligence's office of the national counterintelligence executive [online, cited: May 28, 2012]. <http://www.ncix.gov/ publications/policy/2008_ Strategy.pdf>.

[7] Social media' guide. air force public affairs agency emerging technology division [online, cited: May 28, 2012]. <http://info.publicintelligence.net/ USAFsocialmedia.pdf>.

第 7 章

防御手段和步骤

本章要点:

- 我们所要保护的要素
- 安全意识和培训
- 防御赛博攻击

美国国防部将计算机网络防御定义为: "使用计算机网络对国防部信息系统和计算机网络进行防御的活动, 包括对非授权活动的防护、监视、分析、检测[1]。" 计算机网络防御涵盖的领域很广, 其中一些部分也可能被认为是属于我们在第 5 章所述的计算机网络利用或计算机网络攻击。另外, 计算机网络利用和计算机网络攻击中一些用来对付防御者的战略战术也可用于加强我们的防御力量。计算机网络防御也是计算机网络作战中少有的、军民发展状况相近的领域之一。

从军事思维上看, 计算机网络防御的战略战术大都可以从传统的防御中平移过来。在赛博空间中可以构建出相应的工事、暗哨、巡逻队等, 建立相应的防御战略。虽然这未必是最有效的方法, 但至少这些传统战争中的观念都是经过时间检验的。考虑到当前计算机网络利用和计算机网络攻击的军事指挥员接受的都是传统的军事教育, 那么在计算机网络防御中这些平移而来的方法也是国家力量最可能采用的。这也许显现了计算机网络作战中可能存在的一个弱点, 它会从传统作战中继承一些思维定式。虽然这是个普遍的问题, 但是我们会发现这会阻碍一部分军事领导对计算机网络防御进行思考。

我们在第 5 章已经讨论过, 进行一整套完整的计算机网络防御所需的资源比国家已掌握的资源可能还要多。如果完全是赛博攻击的话, 一个非政府组织也有能力进行防御。在 2009 年末到 2010 年初针对谷歌中国公司的攻击中,我们可以看到一个大型组织防御纯赛博攻击的范例。该攻击使用多种手段,主要目的是扰乱谷歌在中国的基础设施和盗取知识产权。

谷歌公司对攻击的应对是增加他们基础设施和架构的强度和冗余度,并确保补丁和安全应用都被及时安装和更新[2]。从纯赛博攻击的角度看,这样的应对是完全可用的,在大多数情况下都会奏效。但是从完整的计算机网络攻击角度看,正如我们在第 5 章中讨论过的,国家层面的攻击完全可能包括传统战争。虽然谷歌公司是一个庞大的实体,但是无法到达国家的高度,也没有准备去抵抗包括物理攻击在内的攻击行为。

7.1 我们要保护的要素

在讨论防御之前,有必要先仔细审视一下究竟哪些是我们要保护的。一般来讲,我们最在意的是保护各种形式的信息。

在一般公众眼中,敏感信息无非是个人身份信息 (PII) 或者患者医疗信息 (PHI),包括姓名、地址、社会保障号、医疗记录、金融记录等信息。当这些信息被侵犯时,可以用来进行多种欺骗行为,通常称为身份盗用。这类行为包括盗取信用卡账户、非授权房产交易,甚至从银行账户中盗取资金等。

对军队和政府而言,敏感信息的暴露会导致比经济损失更深远且更严重的后果。这类机构保管的信息包括作战指令 (OPORDERS)、战争计划、军队调动、武器或情报收集系统的技术参数、秘密情报人员的身份,以及任何对军队和政府至关重要的其他信息。当这些信息被非授权用户访问时,可能会引起大规模的人员伤亡和实力天平的倾斜。

确实有法律保护这些信息,但在许多方面,还并不完善。在美国,联邦政府层面上对个人数据保护相关的立法还存在许多不足。一些州已经逐渐开始制定更严格的数据安全和隐私保护法以弥补这方面的缺陷,如加利福尼亚州的 SB 1386 号法律。就政府、军队和一些工业机构掌管的数据而言,通常有着严格的法律和规范来指导这些信息的保管人对信息的处理和控制活动。

7.1.1 机密性、完整性和可用性

对信息的保护程度可以用经典的三元组,机密性、完整性和可用性

(Confidentiality, Integrity, Arailability, CIA) 来衡量, 如图 7.1 所示。机密性是指不让非授权人获取信息, 完整性是指防止非授权人修改数据或系统功能, 可用性是确保需要时可以使用数据。这三个基本原则主导了我们的数据保护。

保护数据机密性, 就是要防范那些非授权的访问。在具体的安全实现上, 通常采用访问控制结合加密的保护措施。采用这些措施时, 需要同时考虑静态数据与动态数据。根据数据在不同时间所存储的位置的不同, 来决定使用不同的安全控制措施或方法。我们可以看到近年来在机密性方面的过失导致的后果, 例如 2010 年 5 月美国退伍军人部丢失了便携式计算机, 其中存有退伍军人的个人身份信息, 这是对退伍军人事务部的一次破坏, 花费了他们将近 13,000,000 美元, 远超过实施一项加密工程的费用[3]。

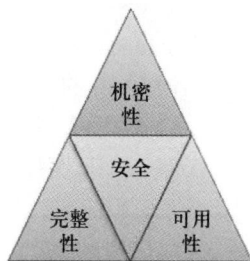

图 7.1　CIA 三元组

提示: 和 CIA 三元组类似的有一个不太有名的帕克六元组。它是由 Donn Parker 提出的, 他把同样的总体概念分解为机密性、持有性、完整性、真实性、可用性以及有效性六个方面, 对特定情境下的相关安全概念进行了更为细致的讨论[4]。帕克六元组的使用可以使我们在讨论安全场景或情况时更为具体, 并且不需要改变模型的规则。

保护数据的完整性就是防止它被非授权的方法操控。类似于保护机密性采用的方法, 我们也可使用加密手段来提供完整性保护, 方法是让数据在未得到合理授权的情况下难以被控制。详细来说, 就是使用哈希值或者信息摘要, 如 MD5 和 SHA1 算法, 来产生原始数据的指纹, 以方便追踪, 两者相匹配就表明数据没有被篡改。完整性的破坏如果不能被察觉, 可能会产生严重的后果, 因为利用被篡改的错误信息可能会导致错误的决定。

数据的可用性是指当我们想要访问这些数据时确实可以访问得到。确保可用性，就是防止攻击者破坏或删除数据，以及通过攻击系统环境来阻碍正常访问。这也意味着我们需要有足够健全的环境来应对系统中断、通信故障、电力断供等一系列可能阻止我们获取数据的问题。通常使用的方法就是对数据和环境增加冗余和备份。

7.1.2 认证、授权和审计

认证、授权和审计常被称为 3A (Authentication, Authorization and Auditing)，如图 7.2 所示。这些是保证实现数据安全的基本原则。通过这些方法，我们可以控制和追踪数据是如何被访问的以及被谁访问的，进而使我们能够采取措施来保证数据的安全。

图 7.2　认证、授权和审计

认证是对一个实体的身份进行验证。最常见的认证机制是登陆口令。在这种特殊情况下，用户的注册名是被提交的身份，可通过一组存储好的用户提交的密码而得到验证。美国国防部常用的鉴定方法是通用访问卡 (CAC)。卡中含有能够存储信任书 (如证书) 的存储空间，也可通过个人身份号来进行认证。其他基于硬件的令牌现在也很普遍，其中较为著名的有 RSA 安全 ID 令牌。认证技术的未来发展方向是使用生物信息，如指纹、虹膜和其他基于生物特征的方式。这些标示具有通用、易于携带、难以伪造等特点，非常适合于认证系统。

一旦进入认证后，便能检查持有该身份的用户可以从事哪些活动，这种过程被称为授权。我们最常见的例子是操作系统中会创建不同级别的账户。管理员账户可以创建新的账户，而普通用户则没有这样的权限。在军队，常常是单位的指挥官具有最终授权资格。

> **小贴士：**最小权限原则指的是对计算机环境下的任何特定层次，无论是用户、进程还是系统，都应该赋予它所需的最小权限。按照这个原则，可以避免许多安全问题，因为许多安全问题是由于不恰当地对准入系统或者应用滥用而产生的。

审计让我们可以监控在一个特定系统或者环境中发生了哪些活动。虽然认证和授权控制限制了用户的访问，但我们仍然需要记录这些得到授权的用户究竟做了些什么。这样可以调整系统和网络负载的平衡，以及监视得到了授权却具有有害性的行为。只要攻击者持续开发更多的能力，网络变得更云化和可移动化，就有必要分配资源以查明他们获取入口的位置。

7.2 安全意识和培训

在任何系统或环境中，最大的弱点都是人。大部分其他类安全问题都可以通过打补丁、修改配置、增加基础设施来解决。但不幸的是，对于人的问题，就没这么简单了。因为人会懒惰、粗心、犯错误，从内部回避我们精心设置的安全防护，使得我们对攻击毫无防备。这种对环境风险意识的缺乏以及对行为潜在影响的未知，可以通过灌输条例规定和严格训练来解决。这种训练应当从管理层开始，如此组织能够把管理层氛围反映到网络安全上。

尽管我们可以采用技术手段防止一些活动，可以制定规章制度明确指出正确和不正确的行为，但是如果不强迫工作人员提高安全意识，训练他们正确行事，就可能会使前面的努力效果都为零。同时，必须在组织的各个层面一致地执行这些策略并让其被理解，这样才能有效果。

7.2.1 安全意识

对那些不熟悉的人来说，安全意识可能是一种很困难的思维模式。Bruce Schneier 在 2008 年为 *Wired* 杂志写了一篇文章，论述过这种思维模式。Schneier 说："考虑安全问题需要一种特别的思维。安全专家，至少好的安全专家总是以不同寻常的方式观察着这个世界。他们进入一家商店时会思考如何偷窃商品，他们使用电脑时必然会探究其中的安全缺陷，他们在投票时肯定会努力思考如何能多投一票，他们会情不自禁地这样做[5]。"

这种安全意识不仅仅对安全专家、系统管理员、网络工程师等技术岗位的工作人员很重要，对士兵、飞机乘务人员、水手以及他们的家人等可能掌握敏感信息的人员也很重要。更重要的是, 评估数据敏感程度以及在何种环境下我们的行为存在安全隐患等安全意识的内涵, 也需要学习。

要阐明在这类问题上的判断和思维错误造成的后果, 我们只需要看看在媒体上报道的安全事故就行了。2008 年美国总统竞选前期就有一个这样的例子。调查发现美国联邦政府的工作人员经常在非授权的情况下访问三个人的护照记录, 他们分别是当时的三位总统候选人: Barrack Obama、Hillary Clinton 和 John McCain。系统安装了报警程序, 当重要人物的记录信息以非法方式被访问时, 系统就会通知监管者。

由于这次事故, 多名工作人员被解雇或者惩戒, 其他工作人员的访问权限则被进行了限制[6]。这些人应该已经从中学到了一点安全意识。非授权访问含有总统候选人个人信息的数据如姓名、地址、生日、社会保障号、旅行记录等, 可能给自己带来意想不到的后果。

这个例子恰当地展示了缺乏安全意识的后果, 好在这件事情造成的后果在此类事故中还算是相对较温和的。这样的事情屡见不鲜, 例如在本章讨论 CIA 时提到的, 美国退伍军人部不慎将便携式计算机丢失, 个人身份信息如社会保障号码等被群发到邮件列表中, 许多未加密的医疗记录被破解致使信息丢失, 还有很多其他的损失。尽管技术手段可以帮助防止一些事故, 但是如果我们继续忽视安全意识方面的因素, 相关的麻烦还会层出不穷。

想学习这种安全意识, 要点是很简单的, 那就是: 尽量像攻击者那样去考虑问题。在任何特定的情景下, 无论是钓鱼邮件、社会工程攻击、违背政策或者其他可能会遇到的情况, 这样去思考都会把我们引向合适的方向。如果我们能逐步建立起许多建设性的怀疑意识, 就会发现在这些事故中, 我们都做出了合适的选择。虽然这样有时会过度警惕导致虚假情况, 但这比起缺乏安全意识造成安全事故要好得多。

7.2.2 培训

除了灌输安全意识观念外, 进行安全培训也很重要。在大多数组织中, 除了常见的安全意识上的培训外, 对终端用户的培训通常包含更为具体的、与安全观念一致的指示说明。在多数政府组织中, 这类培训是强制的, 且常常与运营安全 (OPSEC) 和反间谍活动相关, 这在第 6 章中也提到过。这类培训常常包括对各种通信工具的安全使用指导, 如电子邮件、即时通信 (IM) 和电话等。这些通信媒介常成为社会工程获取信息的目标, 因此是安全培训的焦点。此外，根据环境的需要，也可以增加安全培训的内容，如物理安全、对敏感信息的处理和背景调查等。比较新的领域还有围绕社交媒体进行的培训。

对组织中技术能力更强的成员，如系统管理员、网络工程师、开发人员、安全工作者以及类似的人员进行培训时，仍然有必要进行基础的安全培训，另外还要针对他们的不同特点进行更多的培训。对系统管理员和网络工程师来说，我们需要强调操作系统和网络基础设施的安全；对开发人员来说，我们需要强调安全编程规范和实践；对安全人员来说，需要让他们意识到内部和外部的安全威胁。对所有人员来说，都应当注意特权账号的使用和保护。最后，还需要对他们进行风险和安全意识的深度培训。

7.3　赛博攻击防御

当防御赛博攻击时，采取的许多措施为主动性的，包括强化环境安全并监视其中的活动。这一点说起来是容易的，在中小网络环境中相对容易实现，例如在商业或公司网络中。但在更大规模网络环境中，如国家或全球，实现环境强化和监视就变得相当困难了。

正如在第 5 章监视部分所述的，目前我们能够执行相当数量的大规模监视，但是对于小型组织来说监视的成本过高以至于买不起。当针对更加具体的活动时，如入侵检测或者脆弱性评估，由于需要监控的数据急剧增加，我们能够处理的网络环境规模将变得很小。为了实现监视和定位大规模的赛博攻击，目前正在制定相关策略，但是这方面的工作仍处于初级阶段。目前，在计算机网络防御中针对策略和一致性方面投入了大量的努力，特别是在政府层面。

在本书写作期间，美国政府正在争论是否在面临巨大的赛博危机时给予总统切断全国互联网网络或其局部网络的权力[7]。在面对针对重要基础设施的协同攻击时，有人认为为了避免潜在的破坏和人员伤亡以及随之而来的针对监控和数据采集系统以及它所控制的环境的攻击，切断网络的措施是可取的。但这并不是理想的解决方案，且难以实现。尽管这并非切实可行的计划，但是它确实反映了美国国家级计算机网络防御的现实状况。

7.3.1　策略和一致性

成功防御的关键措施之一在于安全策略。通过策略的使用，我们可以为开发和使用的环境设定安全预期。安全策略描述了用户的行为，软件、系统和网络的结构等。最终，安全策略明确了我们所定义的安全内涵。此外，需要注意的是，未获得恰当授权的策略是完全无效的，且常常被忽视。

除了利用策略来定义安全之外，我们也需要确保策略被执行，这一点需要一致性来保证。在政府层面，一致性是通过一系列法律法规来规范的，如联邦信息安全管理法案 (FISMA)、国防部信息保障证书和鉴定程序 (DIACAP)、国家工业安全程序操作手册 (NISPOM)、中央情报指导意见 (DCID) 6/3 等。在民用领域，关注更多地集中在健康保险流通与责任法案 (HIPAA)、支付卡行业数据安全标准 (PCI DSS)、Sarbanes-Oxley(SOX)、北美电力可靠性公司 (NERC) 关键基础设施防护 (CIP) 规定等。缺乏一致性，安全策略就没有任何价值。有人说过，认识到一致性建立之时并非安全的终点也是重要的，这是基本要求而非最终状态。

7.3.2　监视、数据挖掘和模式匹配

正如第 5 章监视部分所述的，目前许多大型政府部门对各种出入境的通信手段进行某种监视。尽管这无法覆盖所有的通信，在许多情形中可以发现或产生监视盲点，但是监视手段确实提供了一种安全措施。跟踪与其他国家间的通信能够在协调行动时给我们一个潜在警示，例如不久的将来发生的攻击，可能包括通过对收集通信记录进行数据挖掘和模式匹配之后的赛博攻击。

> **注意：** 如果行动不当，监视和侦察活动可能会违反所在国的搭线窃听方面的相关法律。在采取此类行动之前，重要的是获取恰当的法律建议。

分析用于监视大规模通信的系统，我们会发现其与小型网络中常用的入侵检测系统 (IDS) 有许多相类似的方面。从本质上讲，这些系统是运行在一个更大的范围内的 IDS。此类系统可以作为大规模 IDS 系统的基础或技术先驱，大规模 IDS 能够对电子通信进行更详细的检验。尽管目前缺乏成熟的技术执行大规模通信监视，但在不久的将来我们一定能够看到这些技术。

7.3.3　入侵检测和防御

如前所述，国家范围内的入侵检测和防御是一件困难的事情。目前，包括因特网在内的大多数网络，并没有因为国家的界限而被分割。另外，我

们有大量的媒介可以进行网络通信,例如铜电缆、光纤可视电缆、卫星通信、专用无线网络、分组无线电等。这种缺乏沿着物理边界分割的网络以及多种通信手段的运用,使得 IDS/IPS 技术的实施成为一个具有挑战性的技术问题。

目前实现国家范围内的入侵检测和入侵防御的两大策略:一是在需要保护和监视的区域外构建网络来提供有限数量的连接;二是执行大规模的分布式 IDS/IPS。每种方法都有它固有的问题。重构我们的网络以提供有限的瓶颈是最彻底的方法,该方法在构建新的网络时依然有效,但是对现有网络来说费用过高。它也会受云和可移动设备的发展所影响,在分类网络中分隔网络的日子甚至将走到尽头,正如我们所见,如何移动这些新型的基础设施将是个问题。同样地,大规模的分布式 IDS/IPS 具有不需要改变网络的优势,但是可能会漏掉网络的某些出入信息流。目前,无论哪种情形,执行这样的任务在许多方面都是比较困难的。

7.3.4　脆弱性评估和渗透测试

脆弱性评估和渗透测试是计算机网络防御的两个重要工具。这些方法使我们能够发现系统和网络中的缺陷,攻击者可以利用这些缺陷对网络和系统发动侦察和监视、获取登录权限或者开展其他攻击。

利用前面介绍过的扫描工具,脆弱性评估能够发现系统中的表面漏洞。典型情况下,利用漏洞的已知签名,反复迭代系统的完整目录并逐个扫描每个目录上的漏洞,为漏洞打上标记。尽管该方法确实能够暴露一些可能会被攻击者利用的漏洞,但却无法完全刻画出系统的脆弱性。为了获取系统中更完整的漏洞全貌,需要尽量考虑周详并实施渗透测试。

如果运用得当,渗透测试能够非常准确地反映出攻击者企图破坏网络环境的行为。渗透测试能够以白盒形式执行,此时测试者能够得到被攻击环境的信息;也能以黑盒形式执行,即测试者不能得到比一般攻击者更多的信息。对每种方法都有许多论证,但是一般情况下,白盒测试代价更低,而黑盒测试能够更准确地反应来自外部的攻击。我们在进行渗透测试时也希望考虑其他的一些元素,如正如在第 6 章中所述的社会工程,和第 4 章所述的物理安全。

规划和信任渗透测试结果的威胁之一,就是确保渗透测试不要被限制到不起作用的地步。如果对渗透测试的攻击方式、环境或者系统进行限制,就无法得到攻击者利用同样的攻击方法产生的结果。这些限制在渗透测试情形中极为常见, 这不仅使我们的努力付诸东流, 而且会造成我们对安全的错误感知。

7.3.5 灾难恢复计划

作为一种防御手段, 灾难恢复计划 (DRP) 允许我们从无法完全防范的攻击、损耗和灾难中坚持下来或者恢复过来。灾难恢复计划常常通过使用数据备份与系统和基础设施的不同冗余来实现。而在计算机网络防御中, 合理的数据备份无疑能让我们从攻击事件中恢复过来, 我们还会发现冗余基础设施在面临此类攻击时具有更大的效用。

在大规模赛博攻击中, 我们完全可能会发现对某些网络阻塞、领域、系统等问题无法进行控制。与大多数机构使用的灾难恢复计划不同, 当计算机网络防御中执行此计划时, 我们需要保证备份位置在地理和逻辑上尽量均为分布式的。如此一来, 当我们被攻击或者需要从一个逻辑上分离的地点进行操作时, 我们可能还有一个位置未受到该攻击的影响。对于前面部署的装置这会具有挑战性, 因此, 有必要开发像持续运行计划 (COOP) 这样的意外准备计划, 以使装置在降级的或被拒绝的网络环境下也能够继续完成任务。

7.3.6 纵深防御

成功防御策略的一个重要原则是纵深防御。纵深防御对于安全问题提出了分层的解决方法, 如图 7.3 所示。在此例中, 定义了网络层、主机层、应用层和数据层。举例而言, 我们可能会在网络层设置防火墙和 IDS/IPS, 在主机层设置软件防火墙和反恶意代码工具, 在应用层设置访问控制, 在数据层设置加密体制。此外, 在本章 "安全意识" 一节中提到的用户意识培训也可以很容易地集成到我们的安全层次中。所有防御层次的中心是我们的关键信息。每一层次及其安全措施随着所处的环境不同而不同, 但是基本原则相同。

> **注意:** 事实上, 纵深防御是一个古老的军事概念。据史载, 此战略的首次使用出现在公元前 216 年汉尼拔抵抗罗马的坎尼战役中[8]。

纵深防御背后的原则是, 通过多个层面的安全措施来有效阻挡攻击者, 使我们的检测单元能够发现攻击行为, 或者让攻击者在强大的安全防护面前主动放弃进攻。当我们指向移动设备网络时, 这个原则仍显得很重要, 只

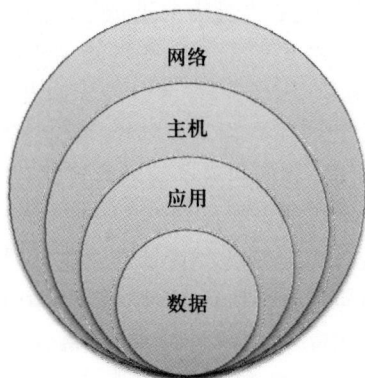

图 7.3 纵深防御

是防御层次处在终端系统而非中心网络。

我们也许会考虑生成任何攻击都无法穿过的网络环境并能够在任意长的时间内成功避开各类攻击者，但这是个不切实际的期望。相反，我们应该设置防御层次，以尽可能地减缓攻击者的速度，为检测和应对攻击事件争取时间。此外，如果我们将网络上的信息进行合理细分，根据需求限制每条数据的访问，那么就能减小更多攻击者进入系统及获取所有信息并成功逃离的风险。

7.4 本章小结

在本章中，我们讨论了计算机网络防御，它是计算机网络作战的防御性和主动性的组成部分。我们讨论了计算机网络防御如何进行防御行为分类以及非国家组织在缺少足够资源的情况下如何去抵御国家主体发起的全面进攻。

我们从数据和信息的角度描述了究竟要保护哪些要素，其中也介绍了几个重要的安全关键原则，如 CIA 三元组，即保密性、完整性和可用性，以及 3A 原则，即鉴定、授权和审计。这些基本原则都是我们进行信息资源防御的基础。

我们探讨了安全意识和培训以强化防御中的最弱环节：人员。我们介绍了安全思维以及向负责人员传授这种思维的措施。还介绍了对人员的安全培训，使其在遇到可能损害安全基础的情况时能够做出恰当的反应。我们还讨论了对不同技术层次的人员需要进行不同的安全培训。

在防御赛博攻击时，我们讨论了一些可能用于抵抗攻击的不同策略。我们介绍了计算机网络利用中监视技术的应用以及数据挖掘和模式匹配在收集数据中的使用。我们还介绍了入侵检测和入侵防御，以及在大范围内执行这些操作为何困难。我们讨论了脆弱性评估和渗透测试在发现环境安全漏洞时的应用，以及可能会提供错误安全感知的情形。同时介绍了灾难恢复计划，以及需要如何定制此类计划以适应赛博战争。最后，介绍了纵深防御，并讨论了如何在防御执行中利用多种层次的安全措施。

在计算机网络防御中我们必须时时刻刻、每分每秒都做到完美。敌人可能使用任何手段随时发起进攻，而且他们只需要有一次成功即可。我们需要对每次攻击都保持警惕并加以还击，这同样适用于每个系统、网络和组织。无论是军队的关键基础设施还是公司里的系统，都在不断进行着战斗。

参考文献

[1] Cyberspace & Information Operations Study Center. What are information operations? Cyberspace and information operations study center; July 24, 2010 [online, cited May 28, 2012]. <http://www.au.af.mil/info-ops/what.htm>.

[2] Arrington Michael. Google defends against large scale Chinese cyber attack: may cease Chinese operations. TechCrunch; January 12, 2010 [online, cited May 28, 2012]. <http://techcrunch.com/2010/01/12/google-china-attacks/>.

[3] Nagesh Gautham. VA loses another laptop with veterans' personal data, prompting inquiry. The Hill; May 13, 2010 [online, cited May 28, 2012]. <http://thehill.com/blogs/hillicon-valley/technology/97817-va-loses-another-laptop-with-veterans-personal-information>.

[4] Parker Donn. Fighting computer crime. s.l., Wiley; 1998. ISBN 0471163783.

[5] Schneier Bruce. Inside the twisted mind of the security professional. Wired.com; March 20, 2008 [online, cited May 28, 2012]. <http://www.wired.com/politics/security/commentary/securitymatters/2008/03/securitymatters_0320>.

[6] Associated Press. Passport files of candidates breached. MSNBC.com; March 21, 2008 [online, cited May 28, 2012]. <http://www.msnbc.msn.com/id/

23736254/>.

[7] Schwartz Matthew. Schwartz on security: Zombie Internet 'Kill Switch'. Information week; October 28, 2010 [online, cited May 28, 2012]. <http://www.informationweek.com/news/security/management/showArticle. jhtml?articleID=228000213>.

[8] Flaherty Kyle. Verifying your defense in depth strategy: from Hannibal to today. BreakingPoint; September 3, 2009 [online, cited May 28, 2012]. <http://www.breakingpointsystems.com/community/blog/verifying-your-defense-in-depth-strategy-from-hannibal-to-today/>.

第 8 章

面临的挑战

本章要点:
- 赛博安全问题定义
- 赛博安全问题之间的内在关系
- 发展方向

本章内容系基于 TASC (The Analytic Sciences Corporation, 译者注: TASC 公司是美国一家为美国联邦政府的情报机构、国防部、民用事业部门提供企业系统工程、集成和分析决策支持服务的企业) 公司在 CTO 办公室赛博确保计划下制订的一本白皮书而进行的研究, 该研究的初衷是用来帮助消费者理解当今他们所面对的全部赛博挑战, 并据此决定如何以最佳方式利用资源。TASC 公司与弗吉尼亚大学应用研究所联合开展研究工作。原作者为 Steve Winterfeld, Anthony Gadient, Kent Schlussel, 和 Alfred Weaver, 经作者许可, 本书予以采用。

当前, 美国、西欧和许多亚洲国家在经济和军事上均高度依赖互联网进行日常运行。对美国而言, 这些数字化能力已成为其战略重心, 其他很多国家也在向这个方向快速迈进。支持赛博能力的系统 (计算机、移动设备、基础设施) 和应用 (独立的、网络化的和基于 web 的) 正以指数级增长。由于这种爆炸性增长, 各国疲于应付各种系统漏洞, 这些漏洞能够轻松影响我们保持机密性、确认完整性和确保可用性的能力。对技术日益增长的依赖也是对国家赛博安全的严峻挑战。

同时, 计算机网络操作方面的先进技术已经唾手可得且成本低廉, 从而使得美国的各类对手获得了一种基本的但有军事意义的技术能力, 这里所说的对手包括黑客 (所有对一个系统实施非授权行为的人)、内部威胁、

黑客行动主义者 (诱因型黑客)、工业间谍、有组织犯罪、恐怖分子和国家政府 (通常称为高级持续性威胁,即 APT)。美国总统贝拉克 · 奥巴马说:"现在很明显,赛博威胁是我们作为一个国家面对的最严峻的经济和全民安全挑战之一,我们政府或我国本应做好准备,但很明显还没有[1]。"

TASC 小组在考察赛博安全问题时分析了很多相关研究,这些研究指出了一些基础性问题,作者已将这些问题加入了他们罗列的原始清单。没有一份文件能够简洁易懂地标示出美国和美国国防部面临的赛博挑战,也没有一份文件能够很好地整理这些问题以便高层领导制定全面的计划以应对其所在组织面临的挑战,或方便技术人员识别对其所在组织产生最严重影响的挑战。本章通过三种途径弥补这一缺憾:第一,对美国和美国国防部面临的主要赛博挑战作一个简要评述和分类;第二,指出谁负责为应对不同的挑战来分配资源;第三,提出了一个努力方向。本章无意提供问题的答案,而是更倾向于发起关于使美国在赛博空间的成功做好准备的后续步骤的讨论。

8.1 赛博安全问题定义

对赛博安全挑战的分析一般从国家的视角进行,针对具体单位或组织可能还需要修正。赛博安全问题的参考基础包括客户反馈、TASC 公司赛博智囊团的输入及其对如下研究的总结: 信息基础设施防护研究所 (I3P) 的国家赛博安全研究发展挑战[2],网络与信息技术研究发展 (NITRD) 项目的国家赛博四年计划[3],信息安全关键问题目录[4],计算研究联合会的可信计算四大挑战[5],能源部的赛博安全科学研发方法[6],战略与国际研究中心 (CSIS) 的第 44 任美国总统安全的赛博空间报告[7],国土安全第 54 号总统令的国家赛博安全综合倡议 (CNCI) 聚焦领域[9],奥巴马赛博空间政策评论[10]。作者最终基于美国所面临的主要弱点确定列表。他们承认可能会因有些主题不在列而产生争议,而有些在列的问题对某些组织来说未必十分关键,因而可能会做不同的划分。

作者按复杂度对各个挑战进行了分类,等级包括: 极端困难 (ED)、很困难 (VD)、困难 (D) 和成本效益低 (NCE)。因各个挑战资源类型存在差异故对其进行分级并非易事,所以我们尝试将复杂度和需要的资源类型进行量化/匹配。在某些情况下这个工作是杰出的新技术研发,另外一些情况下则是政治意志,还有一些则是规范工作,最终,它们都需要一定的资金支持。

我们已经按所需资源将这些挑战用下面的符号进行分类: 非常重大 =$$$, 重大 =$$, 稍逊 =$。由于不同的挑战通常需要不同的方法去解决, 从而导致对资源等级进行分类较为困难, 因此我们使用初始无类别的 CNCI 预算: 9 亿美元作为非常重大, 4 亿美元以下为重大, 1 亿美元以下为稍逊。这是很笼统的估计, 每个问题可能都需要根据具体计划进行考察进而决定资源需求。

这些挑战分组后显示了其相互关系, 主要领域包括政策、技术和人员, 重叠的部分有: 政策和技术在程序上有共同点, 技术和人员在技能上有共同点, 人员和政策在组织上有共同点。政策、技术和人员三者重叠部分形成一个核表示所有挑战都具备的共同点 (图 8.1)。图中各个挑战并非按重要性排序, 每个组织可以根据自身风险对问题进行不同的分级。

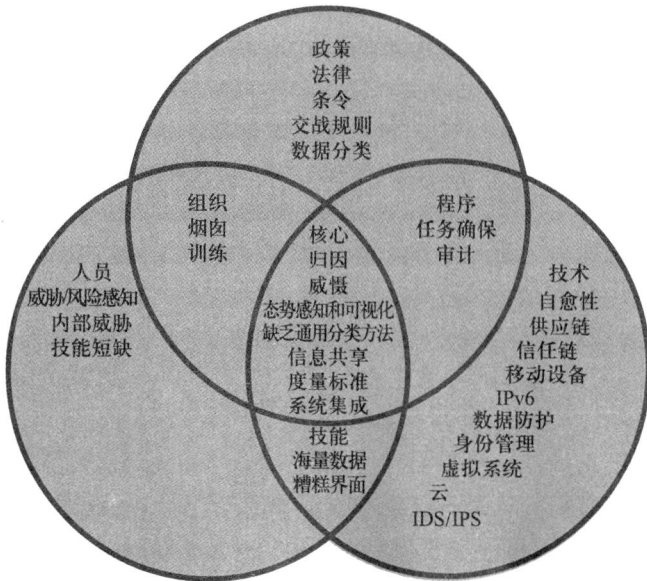

图 8.1　挑战的分类及相互关系

8.1.1　政策

法律 (ED $)。包括政策、法律问题、国家安全和隐私。这些问题在当今美国容易相互冲突, 我们的文化和传统影响着我们法律的形成。相对而言, 较之我们的法律系统背景 (从普通英国法律和《1215 大宪章》开始断代), 赛博问题是一个新问题。我们的法律系统在为今天的技术发展 (包括赛博、医药和通信领域的发展) 设定边界方面无章可循。由于各州制定有自己的法律且千差万别, 甚至联邦法律在不同法庭都会有不同的解释, 故而法律问题在美国尤为复杂。

条令 (VD $)。条令的挑战在于目前对通过战术方法和规程来处理赛博攻防战略的条令在各军种之间缺乏一致性。这里并不是说条令完全缺位或是条令自相矛盾, 而是说没有通用一致的条令。国防部通过建立术语集[11] 取得了一定进展, 各项服务也建立了指令体系, 在联合层面上已经建立了赛博司令部。但没有赛博行动和赛博空间作战条令公共愿景的问题依然存在。

交战规则 (ROE) (VD $)。区域指挥官需要理解现实世界该如何反应, 并按照被认可的交战规则进行动能攻击。但是在赛博空间中, 对国际互联网上的哪些行为构成 "使用武力" 或 "战争行为" 并没有统一的理解, 因此在如何打一场赛博战争的条令问题上并未取得一致。当攻击发生时, 对攻击者的响应 (假定攻击归属问题已解决) 没有统一标准。需要清晰的规则来界定何为偶发事件, 何为攻击, 以及应当采取何种响应 (技术、法律或外交手段)。

数据分类 (D $$)。数据分类问题系因美国政府内各组织采用不同数据分类方法而丧失与非国防部组织协同工作的能力所致。尽管已有一套官方规则, 但这些规则在持有涉密文件的许多不同机构之间落实起来有很大差异, 加之各个组织具有不同的文化, 因此相互之间共享数据通常困难重重。除情报部门 (IC) 外, 由于缺乏许可, 在国防部的其余部门以及其他非情报机构, 人们无法讨论某些事项和进行正当的合作。现在, 在增加被许可人员数量方面有了一些进展, 但尚不足以解决此问题, 因为每个危机都会要求一组不一样的专家参与响应, 而事先又无法确定需要哪些专家。我们需要一个能够保持操作安全的信息系统, 该系统能够基于需求共享信息且不需要进行相关的背景审查。

8.1.2 程序

任务确保 (ED $$)。任务确保主要关注在运转过程中保护网络和信息。为确保完成任务达成组织 (这里的组织包括军事系统、国防工业基础及其使用的商业骨干网), 需要在一个竞争性的赛博域中胜出。同时, 还需要了解哪些系统是完成该任务的关键，它们如何能够以一种降级模式使用 (如使用一套受限的或替代的协议) 以保持在不受控环境下的可操作性和基本性能。

审计 (D $)。审计是对一个企业的赛博系统、人员和程序进行常规的、结构化的评估。审计过程代表持续赛博安全改进计划 (实现 — 测量 — 纠错) 中的测量步骤，常规的赛博审计实属任何赛博安全计划的基石。然而在最近一次对国土安全部进行的赛博审计中，执行审计的该部监察长指出："尚未采取足够的安全控制措施以保护数据免受非授权访问、使用、泄露、破坏、修改或毁灭[12]。"

考虑到作为所有赛博安全计划一部分的赛博审计的重要性已经得到公认，我们可能会问：为什么对一个受到美国国家安全许可的组织的一次赛博审计能够识别出包括 202 个高危漏洞在内的 600 多个漏洞[13]。原因很简单：当前尚无一套定义完备的政策允许使用简易方法去审核账号、记录、雇员行为和安全配置。为了避免国土安全部监察长得出此类结论，我们需要建立一套标准，供政府和工业部门用作建立自动赛博审计能力的基础。

有一条略为不同的途径，我们当前在用的一套认证与鉴定标准，国防部信息确保认证与鉴定程序、中央情报指导意见 6/3 程序以及针对所有政府机构的联邦信息系统管理法案，关注的焦点正在向实时监控方向转变。国家标准与技术研究所 (NIST) 特别出版物 800-137《联邦信息系统和组织的信息安全持续监控》(2010 年 12 月草案)[14] 是该领域前进方向的绝佳范例[15]。

8.1.3　技术

自愈性 (ED $$$)。弹性设计用来实现系统在不需人工干预的情况下的自愈能力。在赛博环境下，一个自愈赛博系统即使在受到安全威胁 (如发生非授权访问) 时也能连续运转 (正如所期望的)。须知这不同于持续运行计划和灾难恢复计划或重构。考虑到如今赛博系统高度分布的属性，自愈性的一个重要方面是系统在面对可能危及网络访问的拒绝服务攻击时，依然能够完成指定功能。因此自愈性是赛博系统必须具备的属性。因此接下来的问题就是开发一个自愈系统，尤其是设计一个在竞争性赛博冲突环境中具有自愈性的企业级系统。

注意: 存在许多像信息系统审计与控制协会 (Information Systems Audit and Control Association, ISACA) 的信息及相关技术控制目标 (Control Objectives for Information and related Technology, COBIT)、国际标准化组织的信息安全管理执行准则标准族等这样的标准。这些标准受到信息技术基础设施库 (Information Technology Infrastructure Library, ITIL)、能力成熟度模型集成 (Capability Maturity Model Integration, CMMI) 和六西格玛等程序的支持, 但目前没有通用的操作实践。

供应链 (ED $$$)。供应链与在国外完成的软硬件开发制造日益相关 (只有极少数的软硬件不含国外的组件)。随着硬件日益复杂, 查验和确认工作已变得非常困难。如果能够验证一个系统中硬件组件之间所有的相互作用, 我们便可核实该硬件标称的功能所言非虚。

软硬件查验工作是个挑战。许多硬件组件来自许多不同的, 有时是竞争关系的制造商, 其中的软件或固件载荷通常在制造的不同阶段集成进去。必须对每一个界面和事物都进行查验以确认该设备能如广告宣称的那样工作, 且没有会引起全系统遭受损害的隐藏功能或形成会被对手 (可能是国家或犯罪分子) 利用的隐蔽通道、未知漏洞等。

信任链 (VD $$)。信任链来自企业背景下日益增长的可信计算的需求, 如果我们能够对支撑企业用户计算需求的企业硬件之间的所有相互作用进行查验, 可信计算即成现实。这样一种能够查验每个连接所使用的硬件的方法可防止 "人在回路" 类型攻击的发生或令实施这类攻击更加困难。例如: 当一个指挥控制系统向一个武器系统发送一条命令, 发送方如何得知对方收到了该命令, 接收方如何知晓命令确实来自该指控系统, 双方又如何确知该消息未被篡改。

移动设备 (VD $$)。随着越来越多的设备接入网络 (智能电话、闪盘、iPad 和便携式计算机), 迫切需要在这些设备接入之前做好安全保护和验证, 于是移动设备成为一种挑战。在许多情况下这些设备用来处理敏感事务并接入受保护的网络时, 几乎没有安全监控。年轻一代工人正将技术从家中带到工作地点, 并在他们的个人设备上工作, 这给安全小组的跟进带来挑战。

IPv6 (D $$)。在向新技术过渡期间对于防御方和攻击方均有新的机会, 因此 IPv6 成为一种挑战。据预测, 2012 年分配有名字和号码 (ICANN) 的互联网公司将超出 IPv4 的 IP 地址容量。这将迫使 IPv6 在今后数年内实现。挑战大部分来自升级设备和找到具备 IPv6 技能的员工。随新协议而来的变化不比地址数量少，对组织而言，进行全网络地址扫描消耗的资源将十分庞大，这将带来策略和方法上的转变。所以在这项协议尚未付诸使用之前应更加全面地考虑安全性问题，这意味着该协议一旦广泛投用它应当提供更好的安全性。

数据防护 (D $)。数据防护聚焦于提供数据的机密性、完整性和可用性，而对网络或操作系统的保护并非其关注点。当前，在防御思路方面，许多组织将赛博安全的重点放在赛博边界安全保护方面，常用的安全产品有防火墙等。这种"建在沙上的防线"或称为"马其诺防线"式的方法未能认识到"一个组织的赛博资产的大部分价值是存储于赛博系统中的数据"。这里所说的数据绝不仅限于文档，还包括邮件、web 页面、web 应用和操作系统等关键可执行部分。许多组织最先面临的问题是将其数据按等级、重要性或价值进行分类。因此一个全面的赛博战略应当在实施边界防御的基础上着重强调对数据的防护。当从以信息为中心的角度看问题时，关键的问题就出现了。我们必然要问：边界防御是数据防护的最好方法吗？还是需要不对称的分布式防御[16]？答案是否定的，解决方案是我们需要建立新的防护模型。

身份管理 (IDM) (NCE $$)。在允许员工访问网络时，身份管理需要实现三个功能：认证 (用户身份是否属实)、授权 (该用户的访问权限)、审计 (记录用户行为)。仅以 8~12 个字符组成口令的时代已经过去了，如今多数公司采用令牌或生物测量方法来确定员工身份，并设定规则来限定每个员工只具有其工作所必需的访问权限。问题是当前并无通用标准，有一些成果在国家层面上可能有用，例如，国土安全局出版的一份草案《赛博空间中可信身份国家战略》[17]。

虚拟系统 (NCE $)/云 (NCE $)。虚拟系统可出现在许多层面 (如硬件、内存、存储、软件、数据、桌面、网络或整个数据中心)。操作系统层面的虚拟化允许在一个单一的操作系统实例中拥有多个虚拟环境。应用也可被虚拟化，并独立于底层操作系统，跨平台虚拟化允许为特定 CPU 和操作系统编写的软件在不同的 CPU 和操作系统上运行。作为最高层次的抽象，虚拟机 (Virtual Machine, VM) 是一个操作系统或计算机的软件实现。网络层虚拟化允许通过互联网对应用、数据和计算机资源进行访问 (即"云计算")。

> **注意:** 与云服务提供商打交道时, 了解如下基于云服务的三种基本提交模式很重要, 以便确保本组织获得正确的服务类型。
>
> 软件即服务 (SaaS): 用户接入并访问网上的应用。
>
> 平台即服务 (PaaS): 用户将云作为应用运行的环境使用。PaaS 恰与 SaaS 相反, 在使用后者时, 用户掌控其应用, 但对其应用运行的环境完全没有控制。
>
> 设施即服务 (IaaS): 一种更高层次的抽象, 用户无须购买物理资源, 而是访问第三方以服务形式提供的必要资源, 典型购买方式为按使用次数付费。

基于安全和管理考虑, 云可部署为公共云、私有云或混合云。公共云指数据中心位于用户防火墙之外, 由第三方提供的云; 私有云位于用户防火墙之内; 混合云则是前两者的混合。

从安全角度出发, 虚拟化存在配置管理、补丁、跨平台攻击和审计等问题; 云计算存在应用, 数据管理, 进程向第三方配置标准移植的问题, 以及对敏感数据的控制/据有, 公司持有数据的可靠性, 适用法律和缺乏物理控制等问题。安全性和机密性是成功向这些技术过渡的关键。此外, 基于云服务的性能可变性、可靠性和恢复力等也值得关注。

入侵检测系统 (IDS)/入侵防护系统 (IPS) (NCE $$)。IDS 负责监视网络以检测已知恶意软件的特征码以及未经授权的行为模式。当前, 保护 IT 系统免受入侵已引起高度重视。入侵防护的基本思想: 如果只有授权用户才可以访问, 则意味着赛博系统受保护程度高。对入侵检测的基本观点是: 如果没有检测到入侵, 可推断只有授权用户访问了系统, 则系统在事实上是安全的 (很明显, 我们前面所讨论的内部威胁没有包含在内)。然而, 即使不考虑内部威胁的挑战, 入侵检测本身也是一个极富挑战性的问题。当今多数安全检测系统是基于特征码的, 但基于特征码的防御在本质上只关注有限范围的安全, 新型的赛博威胁可穿透或绕过这些防御。入侵检测只能显示捕获了什么, 却不能显示没有捕获到的, 因此如果没有特征码, 攻击就可以堂而皇之地进行。展望未来, 我们必须检测并防御所谓零日 (漏洞) 攻击。

8.1.4 技能

海量数据 (VD $$)。大批量数据的收集需求要求停止数据挖掘转而找出某种方法进行实时相关处理。日志是当前需解决的一个问题, 长期以来的争论是究竟需要做多少日志, 因为日志的增加会带来大量的额外开销。

多数大型网络 (超过 10000 个用户) 没有足够的资源存储超过几周的日志, 甚至这些日志都没有被真正分析过。我们需要能够进行长期趋势分析 (以数月而非数日、数星期计) 的系统和程序。

糟糕的界面 (D $)。多数系统存在界面糟糕的问题, 没能在设计上很好地支持用户以信息进入数据库的速度对其进行快速处理。在安全运行中心工作过的人可能都经历过入侵检测系统事件满屏翻飞的情况。我们需要富有直观性的安全系统, 为分析员提供对调查的开发和管理功能, 而不只是机械式地做出反应。

8.1.5　人员

威胁/风险感知 (ED $$)。威胁/风险感知是大家普遍关心的问题, 因为当大部分用户登录时已默认信任自己的计算机系统, 他们认定所收到的邮件的确是由 "发件人" 的地址发出的, 也并未想到含有 word 文档的附件可能含有恶意软件。这一行为问题必须得到解决。我们需要扭转用户的固有思想, 使其在登录时树立 "基于核实的信任" 意识。用户应当懂得如何使其安全机制生效, 知道在一个中招的系统中寻找哪一类指示。我们不期望每个人都成为赛博安全专家, 但我们想让他们具备基本的生存技能以保护自己的信息安全, 一个简单的例子, 当讨论敏感信息时应使用加密邮件。为此需要一个国家计划, 可组织类似于 "护林熊提醒您 —— 严禁在森林中点火" (Smokey the bear says—stop forest fires) 或 "这是吸毒后的大脑"(This is your brain on drugs) 的活动强化人们的防范意识。

内部威胁 (NCE $$)。内部威胁很可能是最大的挑战。关于如何界定什么样的人是内鬼尚有争论。许多人想当然地认为内鬼就是某个雇员、学生或实际操作计算机系统的人员。这些人拥有合法权限访问赛博系统因而被认为可能是内鬼, 但内鬼还可能是其他许多类型的人:

- 承包商、合伙人、商业伙伴等, 与拥有计算机系统的某机构存在业务联系的人。
- 允许进行有限操作的授权人 (如一个使用银行系统访问他/她的账户的银行顾客或被允许访问班级的学生)。
- 被强制或被欺骗的情况下进行有利于外部人员的特定操作的人。
- 一个拥有已经终止但未被注销访问资格的前内鬼。
- 以前的内部人员, 其在拥有内部权限时曾建立 "秘密" 权限, 为后续访问设置了后门。

一个人以恶意方式行事的原因很多, 有些是思想方面的原因: 如报复, 一个内鬼对其能力的自我证明以及纯粹的贪欲。过去 20 年人类并没有发生显著的变化, 但美国的技术和经济状况已经明显改变了。技术发展和电子商务使得内鬼获取对关键信息的访问更加容易[18]。鉴于世界变得更加深度互联, 这个问题将继续向更复杂的方向发展。我们需要强化运用基于职责的管理和实时审计的能力。

技能短缺 (NCE \$\$\$)。技能短缺一方面是因为缺乏熟练的赛博安全工程师, 另一方面是学校缺乏培养天才学生的渠道。《赛博安全中的人力资本危机》中引用了 Jim Glosler 的如下说法: "美国仅有大约 1000 名安全专家具有在赛博空间进行有效操作的专门技能, 而美国对这类人才的需求大约是 10000~30000 名。" (Jim Glosler, NSA 访问科学家, CIA 秘密信息技术办公室建设主管)。能够满足当前军方需求的熟练的赛博安全专业人员存在严重短缺, 因为许多美国顶尖赛博安全智囊是 "不可理喻的" (unclearable) 或对为政府、军方工作毫无兴趣。高等院校研究机构的赛博安全教育计划仍处于起步阶段。2010 年 3 月主管部门推出了赛博安全教育国家倡议 (National Initiative for Cybersecurity Education, NICE)[20], 国土安全部/国家安全局在信息确保教育中建立了学术精英中心[21], 但该中心并不是国家级的。

8.1.6 组织

烟囱 (D \$)。计算机网络作战功能烟囱林立, 虽然很容易区分赛博安全议题中的不同 "学科", 但事实上他们彼此相互关联。当我们审视计算机网络作战 (计算机网络作战由计算机网络攻击、计算机网络防御和计算机网络利用组成), 我们将它们看成不同的学科, 认为他们之间没有交集或协作。但所有三个学科均需要综合集成进攻、防御以及利用。国防部通过利用掌握相关能力的组织将同样的集成方法应用到虚拟战场空间中。预算和组织架构方面也是烟囱林立, 但这里的问题特指计算机网络战集成方面。

> **警告:** 牵涉美国外交机密的维基泄密事件[19] 是内部攻击者造成新型威胁的案例。过去有对现实不满的人或有犯罪企图的人, 如今告密者和激进黑客成为新的危胁。对机密性的破坏会影响政治系统、金融系统和拥有敏感材料的普通公司。因此, 需要一套新的程序、技能和工具来应对这一局面。

训练 (D \$\$)。训练这一挑战系基于对各种情形做出反应进行练习这一需求, 在其应用于组织时愈发如此。看看如今训练的数量和类型我们会发现, 明显缺乏以理解赛博事件响应为目的的重要且综合的训练。通常, 当前赛博训练的规则没有准确反映赛博在现实冲突中所产生影响的水平, 所以各组织并没有得到与他们对战斗的预期一样的训练。所以, 如果赛博被视为另一个作战域 (其他几个域为陆、海、空、天), 则还没有一致的学说去理解赛博空间或战术技术和程序 (Tactics Techniques and Procedures, TTP) 的各个方面, 这些均需从训练中获得。的确有类似赛博冲击波和赛博风暴等方面的努力, 但赛博需要成为一种包含各个方面的训练。

8.1.7 核心 (影响所有领域)

归因 (ED \$\$\$)。赛博的归因是指确定一个行为的实施者的过程。赛博空间存在三类归因: 地理定位 (帮助进行动能军事打击)、赛博身份追踪 (帮助情报机构跟踪特定个人或组织的行为)、个人与键盘绑定 (帮助进行犯罪调查)。值得一提的是, 许多技术归因能力因为被政策或法律限制而不允许使用。

要想对一次赛博攻击进行有效且合法的响应, 仅有合理的怀疑是不够的, 还必须要有确定攻击发起者的能力。考虑到赛博挑战的虚拟属性, 法庭证据的收集呈现出一种新的面貌, 包括与指纹或 DNA 等价的赛博证据是什么? 在虚拟世界中 "合理质疑" 的门槛是什么? 更复杂的问题是, 如果调查人员能够跟踪一次攻击, 那么根据结果能够做些什么? 对于军方来说, 什么级别的情报可以授权发动攻击? 根本问题是, 当前并没有可靠的鉴别方法识别原始攻击者。

在给国会的声明中, Alexander 将军说: "赛博空间中的冲突是高度不对称的, 很小规模的组织或个人便可通过部署相应的工具放大其影响效果, 最近媒体报道的欧洲逮捕的几个人被控告创建了所谓的 'Mariposa 僵尸网络' —— 为达到犯罪目的而捕获并驱使的 13,000,000 台计算机即为佐证。这些人能够使用的工具都是匿名的 —— 防御者有时能够搞清楚攻击来自哪里, 但可能比较耗时。这意味着在赛博空间里 '归因' 代价高昂且较为罕见。对手为某一能力 —— 一个工具或武器 —— 付出的代价微乎其微, 但受害者承受的代价和冲击可能非常高[22]。"

威慑 (ED \$)。威慑与假如我们发起一次赛博攻击或实施不良赛博行为将会发生什么有关。威慑仅当有一些东西如法律规则、文化禁忌或后果使得我们不能攻击一个系统时才发生, 即我们非常清楚一旦被捉将发生什么。威慑最关键的方面是使得成本收益从当前的高收益/低成本或低风险向代价远超收益转变。实现这一转变的方法包括: 通过强化壁垒使作恶者进行一次有效攻击时需要更多的资源, 或者通过提高检测概率增加恶行的代价。

态势感知和可视化 (ED $$)。态势感知和可视化是使用于决策的多源数据相互关联与融合。这方面目前还不太被人了解。态势感知使领导者能够根据情报支持做出决定。当前有很多通用作战视图 (COP) 和仪表板, 但它们不能帮助形成真实的风险态势认知, 或以一种可供决策的格式提供信息。如果数据无助于做出决定那它将很快被忽略。数据类型和表现形式应服从于决策类型, 在一个组织的不同层级, 以及对于任何组织层级内的不同功能部分, 数据均应有所变化, 但眼下这两者均受可用数据的类型制约。首先要设定任务, 其次我们必须了解需要支撑的决策, 最后需要为面向不同受众进行信息表征建立标准。

缺乏通用分类方法 (VD $)。赛博主题对一种标准 "语言" 的需求被缺乏通用分类方法的问题所困扰。当我们阅读或探讨计算机安全、网络安全、信息安全、信息确保、赛博安全或赛博战的时候, 我们必须审慎地理解所用的术语且采用这些术语的同一定义。目前尚没有关于类似 "入侵" 这样的简单术语是何含义的工业标准、政府法规或国际协议, 当试图由一组差异化的专业人员分析某一事件时, 这种局面会很快导致混乱。在国防部内部关于恶意软件的名称存在很多混淆, 以至于其要雇佣 MITRE 公司来建立一个公共漏洞和曝光 (CVE)[23] 数据库。需要有一个国际团体来确定那些将被技术团体、政府和法律权威著作使用的 IT 术语的定义。

信息共享 (D $$)。信息共享在某种意义上是一个挑战: 人们乐于共享绝大部分信息, 但他们认定的私人信息除外。但对政府和企业则是另外一番局面, 企业通常仅仅因为竞争考虑而不共享信息, 政府的说辞则是为了确保国家安全, 那么在赛博世界里一个问题就出现了: 企业和政府是否应该共享关于赛博攻击的信息呢?

然而确实有些情况下我们希望将赛博安全问题仅限于小部分关键人员知悉, 例如不想披露一个漏洞、希望保护声誉、需要限制在外部审查活动中承担的责任或分担的成本。即便在互联的情况下, 一方的努力往往也不能达成与另一方共享信息。在大规模组织中, 规模和通信洪泛使得知识迁移更为困难。政府付出了大量的公共/私人努力试图让工业界共享信息, 但这些努力并不协调, 收效甚微。

度量标准 (D $)。量化恶意和可疑赛博行为的需求受困于度量标准,正是因为没有对赛博主题定义的统一认识, 也就不存在一套针对赛博行为的、预先定义的工业级度量标准。赛博度量标准很难实施, 因为关于 "什么是必需的和什么是重要的" 的定义是变化的。例如, 我们衡量投资回报率的方法因不同组织所认定的重要性的不同而变化。基本度量标准类型有三:

- 技术类: 大部分组织跟踪记录入侵遭拦截的次数、检测到病毒的数量、系统正常运行时间、通信流量 (电子邮件、即时通信)、导致中止的事件次数。
- 安全类: 如果一个组织引入新的程序能使入侵检测性能提高 20%, 或降低 50000 美元成本, 或在安全运维中心引入能够节约 17 周审查时间的新工具, 那么在变革之前, 一要设定这些目标, 二要建立跟踪性能变化的方法。
- 风险状态类: 实例如下, 当一个组织与新的合作伙伴进行网络互联, 会使组织面临的风险提高 40%, 或危及组织的外部路由器, 导致组织的安全防护等级降低为黄色, 因为它迫使组织违反正常的配置控制程序修改访问控制列表以拦截发动攻击的 IP 地址范围。

有很多组织为此而努力, 包括行政部门首席信息官的 IT Dashboard 和 IT 人力资源委员会的效能度量标准重要性研究, 但它们还没有得到广泛认同[24]。解决方案应该是可调整的、有权立法的或工业实践最佳的, 但仍需要成为标准以便我们能够评估我们行动的效果和收益。

系统集成 (D $$)。系统集成意在克服当前的常见作法, 组织的各个部门购置了多点安全 (子) 系统, 但这些系统并不一起工作, 取而代之的正确做法是启用一个协调并关联各种防御行为的系统。当前使用的大部分系统都有一个特殊功能, 例如, 一个组织会有防火墙、入侵检测系统、反病毒和反间谍软件工具、归因辅助取证工具、带有包监听的网络管理和监视系统、加解密能力、虚拟专用网 (VPN)、补丁管理系统、web 行为过滤、口令和日志活动关联等, 每个子系统均产生日志, 需要将这些日志记录关联起来, 提供一个全系统健康和风险态势视图。这类关联唯有通过子系统的适当集成方可实现, 且这种关联是应对包括识别跟踪潜在的内部威胁在内的各种赛博威胁所必需的。然而, 今天的子系统更多地像一堆点状工具, 并没有相互作用以获取集成能够带来的 "一加一大于二" 的效果。

需要说明的是, 虽然系统集成能提供众多好处, 包括显示一个综合、完整的赛博威胁运作图, 但它同时也增加了风险, 就像多米诺骨牌, 一个有效的且针对某一子系统的赛博攻击会使整个系统瘫痪, 这凸显了自愈性的重

要性和必然需求, 在赛博企业构建过程中提出了严峻挑战。正如叛乱战争中, 需要寻找一种平衡: 是将控制降到最低以允许少部分的独立行动, 还是采取高度集权控制以获得更大的协同效果。同样地, 构建一个高效的赛博企业也面临类似的挑战。我们不能继续使用散乱的点状解决方案, 而是需要一个统一的架构。

8.2　赛博安全问题之间的相互关系

许多问题相互依赖, 我们能通过一些例子分析它们是如何捆绑在一起的, 下面的实例凸显了这些问题间的某些相互关系。

威慑是美国外交政策的基础, 围绕如何将这一原则应用于赛博空间有很多讨论。在我们利用它之前, 我们需要将其与某个特定的、负责任的个人、团体或国家联系起来。如果能解决此问题 (利用我们全部的情报), 我们还需要对表明我们反应的反制手段、军事学说和交战规则 (Rules of Engagement, ROE 又译作接战规则) 采取透明化策略。这不会是像确保相互核摧毁 (Nuclear Mutually Assured Destruction, MAD) 政策那样的一个简单的 "若 A 则 B" 程序, 原因是会有大量因素掺杂进来, 因此更像是一个复杂的选项矩阵, 且由于反应通常不够清晰而难以用作威慑。

威慑很困难, 因为同样的原因军事交战规则很复杂, 可能需要明确一系列行为并给出易于理解的、预先授权的反制措施。国家政策、法律依据和相关学说均需要建立起来, 最后还需要确定归因的标准, 以便指挥员能知道他们什么时候拥有足够的情报去发起行动 (军方通常根据情报行动而不管是否有足够的证据)。

移动设备需要一套通用接口以便进行系统集成。有很多的私人系统使用自有协议和配置, 致使用一个网络运维中心或安全运维中心管理所有东西既不切实际又难以在成本上合算。因此为管理每年接入网络的所有设备, 需要在系统集成方面有一些进展。

审计对于风险管理正变得日益关键, 但它依赖于开发工业标准。在这些标准建立前, 我们需要界定身份管理系统的基线、达成一致的度量标准来分析和证明每一个相关定义。

烟囱与数据密级划分有关。烟囱是组织问题, 但有关数据密级划分的文化往往设定在同一烟囱之内, 一旦建立共享文化并打破壁垒, 建立可以合理解密的规则将使得大量信息得以发布。必须着重说明, 当建立了一个共享信息的功能系统时,内部威胁就成了一个重大问题。审计和完备的身份管理 (认证和授权) 是建立一个能够安全共享信息的系统的基石。

态势感知是许多大型网络的 "圣杯",它意味着理解攻击者的意图,攻击者进入后会做什么,一个事件如何改变网络的风险态势,任务能力受到怎样的影响,或者识别出渗透入网络的人员。每个问题都需要不同的数据来回答,有些只是集成系统的相互关系,有些是度量标准,有些需要内部审计,大部分需要归因判定。数据必须有助于做出决定,并能以一种直观方式展现。

内部威胁需要政策支持、审计和身份管理。首先需要处理隐私问题;其次,我们需要找到一种低成本高效率的方式来追踪所有用户的行为,并能识别出恶意行为;最后,我们必须能够确切识别谁实施了什么行为。以一种标准的、低成本高效率的方式解决这些问题的前提是解决一系列审计问题和态势感知问题。

因此问题涉及多种挑战,且在某种程度上均受缺乏分类方法、度量标准和标准规则 (法规、政策、规则、程序、法律等) 的影响,如果对术语、方法和度量没有一个通用的基准,没有一系列人人都要遵循的指导原则,就很难讨论解决方案。最后,供应链成为所有技术问题的基础,如果我们对我们的硬件和软件没有信心,那么所发生的一切都不可信。

8.3 发展方向

在资源有限的情况下我们应该重点关注什么? 部分问题需要国家政策/法律指导 (如果没有达成国际协定),其他属于战术性质的问题可在较低层次解决,另外还有一些问题则需要技术创新提供新的解决方案。不妨看看这些问题都属于什么层级。

在国际层次,我们需要协定和方法来解决归因、供应链和法律问题。在国家层次,政府需要制定一个一致且相关的政策/法律策略,建立对分类方法和测量标准标准化的管理,发布我们的威慑政策、条令 (包括交战规则,ROE),以及通过培训和练习扩充我们所需的熟练人员规模。为此我们需要一些组织在特殊使命中发挥领导作用:

- 国会须设置政策和法律法规的议程,并为在此讨论的角色分配资源。
- 美国国家标准和技术协会 (NIST) 应聚焦在分类方法、度量标准和审计等方面,可建立虚拟化、云计算、数据保护、内部威胁防护、系统集成和移动设备管理方面的标准。

- 国防部应根据交战规则制定条令,需要建立多种途径为关键指挥控制开发信任链和使命确保,就像对武器系统所做的那样。需要通过训练培养具有赛博战斗技能的核心服务成员。国防部处在一个很好的位置去解决密级确定方法和烟囱问题。
- 国土安全部应致力于态势感知、身份管理、入侵检测系统/入侵防护系统、IPv6 应用和海量数据处理。它还适合领导国家计划来提高风险感知能力,并培养所需的熟练工作者。
- 国务院应该领导制定威慑策略和建立国际协定。
- 司法部应致力于切实执行政策和已有的法律。
- 像联邦基金研究与发展中心和防务高级研究计划局这样的组织应聚焦在弹性、信任链、归因和供应链方面。

上述对挑战的分配极其粗略,并未明晰各机构/组织的任务担当。这里略去了像白宫 CIO、CTO 和赛博安全协调官这样的角色,因为它们不掌控重要资源。我们未将专注于智能网格技术赛博安全的能源部 (DoE) 纳入进来,这份名单只是一个样本但反应出了问题的复杂性,在让每个人都参与到问题与组织之间的归属问题上它仅仅是个起点。很清楚的一点是,当前分散的、难以协调的努力已经被证明不足以维持美国在赛博空间中的地位和影响力。我们需要一个国家路线图来厘清责任、配置资源,回应上述挑战。

对上述挑战进行分类的另一种途径是考虑解决它们的大致时间表 (考虑所需资源什么时候能够得到解决)。接下来据此对其中一些问题的未来走势做一个预测: 未来五年内,虽然交战规则或许还不能完整定义,但是基于国防部当前的行动,理论将得以建立。国会也可能在提出大量的议案的基础上出台新的法律。很多像虚拟化、云计算、身份管理、数据保护、海量数据分析和态势感知等技术问题都会因为已经获得大量投资而取得巨大进步。赛博相关内容可望纳入更多的培训当中,赛博中心演习将变得更加普遍。IPv6 将占据舞台中央成为标准协议 —— 时间会证明它有多棒。有很多在政府和商业机构中的组织正致力于度量和审计,我们对取得巨大进步抱有期许,但对能否建立全球标准尚存怀疑。

回顾我们罗列的所有问题,仍然有些问题我们没有谈及,因为我们也不确定它们属于哪一类,所以没有尝试做出预测。

8.4 本章小结

目前, 为了竞争有限的资源, 美国面临多种挑战, 但只有一个挑战覆盖了其他所有, 它可由任何主体发动, 从单个个人到一个国家, 这就是赛博空间的挑战。有很多组织尝试解决这些问题或从这些问题中获利, 但还没有办法使本章所讨论的任何关键问题取得实质性进展。在国家层面上关于赛博的讨论需要确定什么是我们必须解决的, 因为解决这些问题需要很长一段时间去探索。我们需要超前一步引入能够改变博弈态势的新技术, 或利用新政策来改变游戏规则, 甚至对互联网的底层基础做改动来变换整个游戏的面貌。

参考文献

[1] Obama, President Barack. Remarks by the President on securing our nations cyber infrastructure. The White House web page [online]; May 29, 2009. <http://www. whitehouse.gov/the_press_office/Remarks-by-the- President-on-Securing-Our-Nations-Cyber-Infrastructure/>.

[2] IP3 National Cyber security R&D Challenges [online]. <http://www.thei3p. org/docs/publications/i3pnationalcybersecurity.pdf>.

[3] National Cyber leap year [online]. <http://www.nitrd.gov/leapyear/ National_Cyber_Leap_Year_ Background.pdf>.

[4] InfoSec's hard problem list [online]. <http://www.infosec-research.org/docs_public/20051130-IRC-HPL- FINAL.pdf>.

[5] Four grand challenges in trustworthy computing [online]. <http://www. cra.org/uploads/documents/resources/rissues/trustworthy.computing_.pdf>.

[6] DoE A scientific R&D approach to Cybersecurity [online]. <http://www.er. doe.gov/ascr/Program Documents/Docs/CyberSecurityScienceDec2008.pdf>.

[7] Securing Cyberspace for 44th president report [online]. <http://csis.org/files/media/csis/pubs/081208_ securingcyberspace_44.pdf>.

[8] <http://georgewbush-whitehouse.archives.gov/pcipb/>.

[9] Comprehensive National Cybersecurity Initiative (CNCI) focus areas [online]. <http:// www.whitehouse. gov/cybersecurity/comprehensive-national-cybersecurity-initiative>.

[10] Obama's Cyberspace policy review [online].

[11] Staff JE. Cartwright ViceChairman Joint Chief of. Cyber Reference Library.

National Security Cyberspace Institute, Inc. (NSCI) [online]. <http://nsci-va. com/CyberReferenceLib/2010-11-Joint%20Terminology%20for%20Cyberspace %20Operations.pdf>.

[12] General, Office of Inspector. DHS needs to improve the security posture of its Cybersecurity program systems. Department of Homeland Security [online]; August 2010. <http://www.dhs.gov/xoig/assets/ mgmtrpts/OIG_10-111_Aug10.pdf>.

[13] General, Department of Homeland Security Office of Inspector. DHS. IG [online]; August 18, 2010. <http://www.dhs.gov/xoig/assets/mgmtrpts/OIG_10-111_Aug10. pdf>.

[14] NIST. Special Publications (800 Series) [online]; December 2010. <http:// csrc.nist.gov/publications/ PubsSPs.html>.

[15] Press, White House. Obama's cybersecurity progress [online]. <http://www. whitehouse.gov/administration/eop/nsc/cybersecurity/progressreports/july 2010>.

[16] Wulf WA, Jones AK. Reflections on Cybersecurity. Sci Mag 2009; 326(5955)

[17] DHS. DHS Library [online]; June 25, 2010. <http://www.dhs.gov/xlibrary/ assets/ns_tic. pdf>.

[18] Stern-Dunyak A. Insider threats: countering Cyber Crime from within. MITRE [online]; October 2009. <http://www.mitre.org/news/digest/home-land_security/10_09/cyber_ crime.html>.

[19] Lehren SS, Andrew W. Leaked cables offer raw look at US diplomacy. New York Times [online]; November 28, 2010. <http://www.nytimes.com/2010/ 11/29/world/29cables.html?_r=4&bl=&adxnnl=1　&adxnnlx=1292778173-fMW1SzDCUGvclejwT3KnJA& pagewanted=all>.

[20] NIST. National Initiative for Cybersecurity Education (NICE) [online]; March 2010. <http:// csrc.nist.gov/nice/>.

[21] NSA. National Centers of Academic Excellence [online]; December 17, 2010. <http:// www.nsa.gov/ia/ academic_outreach/nat_cae/index.shtml>.

[22] Alexander GKB. Statement to house committee on armed services. DoD [online]; September 23, 2010. <http://www.defense.gov/home/features/2010/ 0410_cybersec/docs/USCC%20Command%20Posture%20Statement_HASC_22SEP10_FINAL%20_ OMB%20Approved_.pdf>.

[23] MITRE. Common Vulnerabilities and Exposures (CVE) [online, cited May 28, 2012]. <http://cve.mitre. org/cve/index.html>.

[24] CIO, Vivek Kundra US CIO homepage [online, cited May 28, 2012]. <http:// www.cio. gov/>.

第9章

赛博战的发展趋势

本章要点：

- 基于技术的发展趋势
- 基于政策的发展趋势
- 如何防御当今有争议的虚拟环境

在人类历史中，科技对于战争有着重要的影响。一些科技如火药、核弹和空间站带来了"军事变革"，或者称之为"军事技术革命"。其他科技如飞机、潜艇和机枪促进了组织机构和学说的改变。部分创新技术转变为马镫、精确打击武器和无线电设备。部分发明是为军事应用研发的，而其他发明如内燃机、铁路和信息技术进步是受军事的影响而产生的。就像机枪比步枪的射击速率高一样，大部分军事变化是递增的，也有一些类似于"黑天鹅"[1] 和 "龙王"[2] 的概念带来戏剧性的变化。赛博战经历了这些科技和军事变化的方方面面。

赛博战曾经被称作电子战、信息优势、制信息权、网络中心战、信息战、C⁴ISR (指挥、控制、通信、计算机、情报、监视和侦察)、高效战、网络战、第三次浪潮战争等。这些术语在赛博域的定义上有所冲突。赛博与目前正在进行的军事技术革命在无人作战飞机、纳米科技、机器人技术和生物技术等方面是分离的。

赛博建立在物理设施的基础之上，但是赛博的虚拟组件是唯一的。因为软件比硬件的发展速度更快，所以赛博的发展速度会逐渐加快。科技不断地促进社会、经济和战争的变化，本章将分析影响因特网的那些变化。

本文提供了赛博大事记，这是一个很好的方法，通过查询赛博时间表可以获知安全和威胁方面的典型变化，并且发现我们年复一年经历的同样的问题。很多事件当时让我们印象深刻，但不久后我们就将其抛之脑后了。

很多主要的革命性事件都没有产生革命性影响。例如, 1988 年的 Morris 蠕虫病毒本应给人们敲响安全的警钟, 但在 1999 年 Melissa 病毒袭击时反应依旧, 2004 年爱情邮件引起大破坏事件也是如此。这些都表明忽略基本安全问题会导致蠕虫和病毒的蔓延。在赛博冲突中的一些主要 (但仍是发展的) 事件包括: 2004 年对俄罗斯管道 SCADA 系统的攻击[3], 2007 年攻击爱沙尼亚事件[4], 2008 年俄格冲突中对格鲁吉亚的赛博攻击[5] 和针对乔治亚州的赛博攻击[6], 2010 年谷歌公司受到的极光攻击[7] 和伊朗受到的震网病毒 SCADA 攻击[8]。这表明赛博攻击使用频率在增加, 并且暗中得到了国家的支持。具有革命性影响的事件包括建立 ARPANET, 以及社会媒体在网络上激增。这些事件使得我们使用互联网的模式发生变化, 同时带来新的威胁。

在我们研究潜在的网络威胁时, 可以根据投入的资源对其进行分类[9]。美国和俄罗斯等第一梯队国家在赛博战中投入了几十亿美元。迈克菲公司 (McAfee) 的 "赛博战时代下的关键基础设施" 报告指出, 通过调查包括美国同盟国在内的很多国家, 发现美国是受到国外赛博攻击最多的国家, 中国位列第二位[10]。第二梯队国家和非政府组织 (例如犯罪组织) 投入几百万美元用于开发和使用赛博工具。同时, 私人黑客或者匿名组织每年只投入几千美元。不幸的是, 与传统武器开发不同, 这些组织的潜在网络威胁程度并不仅仅依赖于其投入的资源多少。也就是说, 赛博攻击能力会持续快速地增长, 并且很多赛博攻击是秘密进行的。

还可以依据潜在网络威胁如何影响国力资源对威胁进行分类, 通过评估攻击/防御/渗透能力在外交、信息、军事和经济等国家力量要素中的作用完成分类。以前大家讨论战争时, 主要集中在军队、武器和领导能力等方面; 但是在当今的冲突中, 我们需要考虑这些方面的整体综合水平。美国国防部长现在正在讨论赛博和国家债务这两个话题。基于互联网的行动是赛博战争的一部分, 可以在外交、信息、军事和经济等方面对其进行全方面评估。考虑到知识产权窃取对于国家的危害, 完全可以认为这种行为是经济战争, 但是如何考虑赛博犯罪呢? 本章将回顾赛博战争的发展趋势, 最终我们设计了一个公式, 它将确保我们为下一次战争做好准备。公式如下: 能力集 + 创新 + 资源 + 领导能力 = 战略优势。

9.1 基于技术的发展趋势

改变虚拟景观的第一项技术是云计算。对于大多数公司来说, 运行网络是一件分散精力的事情，他们会外包一些不涉及核心商业机密的工程。回顾历史事件，在使用电能的早期，机械制造工厂使用自己的发电设备，但是随着公共电网性能越来越可靠，这些工厂最终决定使用电网，而将精力集中于核心商业上。据此，我们得出结论，在接下来的几年里，提供公司网络和云计算的公司会逐渐转移到提供高可靠的外部服务上。随着云计算的成本、安全性、可靠性不断增长，制定标准以摆脱内网和外部资源的管理松散问题势在必行。云计算的使用同样需要强有力的公司管理机制，同时，几年前金融、军事、情报机构等一些组织从没有考虑过云计算，但是现在对于大部分组织而言，云计算已经成为标准。云计算有安全优势和劣势，但是请牢记威胁总是攻击防御最薄弱或影响最大的地方。僵尸网络创建者喜欢整合资源攻击一个对象，如果云提供商被攻破，那么黑客会瞬间获得一支"僵尸网络军队"。攻击者肯定喜欢只攻击一个包含所有需要信息的对象，但当前的 APT 攻击不得不侵入多个系统以寻找需要的信息。军事部门和关键基础设施正在逐渐使用云计算，这将会影响网络领域的安全。

另一个关键问题是大量的移动设备用户连接至互联网，用户可以同时处理工作和管理私人生活。随着生活越来越富裕，人们使用笔记本电脑、智能手机、闪存盘和平板电脑，但是很少有用户在使用移动设备时会考虑安全问题。很多用户下载应用程序到这些移动设备中，并没有考虑程序的安全性或有效性。同时，很多不必要的移动设备也连接到互联网上。我们的汽车可以被远程跟踪，并且由于供暖系统和冰箱连接互联网，我们的房子很快就会被监视以追踪我们的活动。当我们考虑移动设备带来的便利时，黑客也正在考虑如何利用这些移动设备。冬天，如果我们对邻居很生气，可以在他们上班的时候关掉他们的供暖系统。如果我们想卖出更多的车辆保养服务，可以远程打开那些在我们修车店内保养过的汽车的发动机检查报警灯。如果我们想出售科罗拉多州多斯普林斯市市民的相关信息，可以跟踪他们的电力使用情况，然后把这些信息卖给销售太阳能电池板的公司，这些公司就可以根据这些信息找出最佳潜在客户。与之相对应的是，目前有五个军事基地坐落于科罗拉多州多斯普林斯市，通过能源消耗量或其他嵌入式设备，可以动态追踪设备和主要领导人的相关活动。

态势感知和可视化基于数据的相关性和联合性，这些数据的来源很多。通过态势感知和可视化，领导层可以直观的方式做出决策。态势感知包含的功能有连续监视（实时）、安全信息和事件管理、通用作战图像和可视化仪表板。目前大部分的通用作战图像/仪表板无法有助于理解真正的任务态势，无法提供有助于制定决策的信息格式。全球态势感知评估

技术 (SAGAT)[11] (Endsley, 1988, 1995b), 态势感知评级技术 (SART)[11] (Taylor,1990), 态势存在感知测量 (SPAM)[11] (Durso et al., 1998) 等提供了有用的程序经验。军方需要清楚每一网络安全事件对企业风险态势和任务性能的影响。

IPv4 地址即将用尽迫使互联网新网站只能使用 IPv6 协议。在写本书的同时, 有人预言, 接下来的 18 个月内, 将没有足够的 IP 地址空间。由于互联网中的网页分别使用 IPv4 和 IPv6 两种协议, 所以出现了很多安全问题, 如不再需要网络地址转换 (NAT) 技术来扩展 IP 地址, 而这将意味着开放整个网络给他人检测。与此同时, 现在我们使用的大部分安全工具不是基于 IPv6 设计的, 并且只有少数的熟练管理员和有限的供应商支持 IPv6 协议。但是, IPv6 协议同样具有优势, 如超大的地址空间使黑客扫描变得困难, 设计了封装安全有效载荷 (ESP) 的互联网协议安全 (IPsec) 和认证头 (AH)。利用 IPv6 协议的安全优势, 在没有专用通道的情况下, 我们可以使用虚拟专用网络, 并且极大地提高了路由安全。中国等国家正在积极地部署使用 IPv6 协议, 已走在了其他国家的前面, 从而可以在互联网性能和标准制定两方面取得战略优势。IPv4 向 IPv6 转化已经持续了一段时间, 但是很难说清何时大部分网站会使用 IPv6 协议。

由于军方和其他组织允许设备自带 (BYOD), 大量的雇员将个人设备带入到工作中, 导致企业的安全解决方案越来越复杂。手机、IPad 和笔记本电脑使用不同的操作系统减少了构建基础设施的成本, 却引入了更多的安全风险。Dale Meyerrose[12] 指出, 这种现象在几年前就已经出现, 从某些方面来说, 认证实践可以增加总体安全性。今天, 士兵将这些设备带入战场。这给军队带来的影响是一些关键数据可以存储在未经安全管控的个人设备中。

> **注意:** 赛博时间是一个有趣的问题。我们知道在狗的生命阶段中, 人的一年差不多相当于狗的七年。那我们该如何衡量赛博时间呢? 一些人说我们应该按照光速行动 (一般是指在做决定的时候), 另一些人则认为我们应该按照需要的速度行动 (主要是指达成目标)。摩尔定律告诉我们在芯片上的晶体管的数量每两年增长一倍。社会传播媒介改变的速度差不多是一个月的赛博时间相当于人的一年时间。对于合法的或遵守规定的实践而言, 一赛博分钟相当于一年合法活动。我们采取应对行动时面临的一个问题是我们假设所有活动均以一个固定速度而不是真实的相对速度进行。

即使我们加固了网络安全, 我们也还有 "社交网络" 活动可以作为攻击向量绕开我们的网络安全基础设施被人利用。大多数机构不注重培训机构内全体职工在登陆脸谱和推特时应有的警惕性，因此我们认为这个问题将越来越严重。空军已经出台官方政策来规定如何介入社交媒介防止飞行员在战斗行动中泄露敏感信息[13]。

正如军方考虑对他们能力的威胁，他们对公共能源提供者的依赖也开始被分析。通常是指关键基础设施防护/工业控制系统/数据采集与监视控制系统，军方已经承担了智能电网项目，论证能源的可靠性和安全性 (SPIDERS) 来使得军用设备能源自充裕[14]。在商业方面，德克萨斯州电力可靠性委员会地区安全协作负责人 Jim Brenton[15] 谈及北美电力可靠性公司推动的 CIP 项目的最新进展以及能源部关注正在被全国范围内的各种极端气候事件所考验的能源可靠性。所有的不同种类的关键基础设施将在赛博冲突中变得越来越重要。

攻击的趋势将跟随最流行的应用。正如电子邮件的使用增多，威胁就通过它获得接入口。今天，同样的情况发生在社交网络和移动设备上。随着我们更进一步，自然就会有新的攻击、技术手段和其他程序，但总是跟随最新的技术趋势，正如通常有最初的不成熟的安全构建。一些紧跟的优秀公司有 iDefense、XForce、Dambala、iSight 和年度 CSI 计算机犯罪安全调查。

类似于 "震网" 和 "火焰" 的赛博武器将越来越复杂，具备更多的能力。我们将看到更多的公开条令和法律定义来构建赛博武器的概念。美国通过投入国防部高级研究计划局 (DARPA) 计划 X 项目来提高这些能力，"五角大楼正转向私人、大学，甚至是计算机游戏公司，作为他们努力提高技术和赛博战能力、发动高效攻击和经受可能报复打击的远大抱负的一部分[16]。" 除了赛博武器的使用持续增加，与权限相关的等级分类也更加明确。

一些对安全感兴趣的新项目与计量生物技术和纳米科技相关。随着生物计量的使用将导致新的安全威胁。首先，现在没有成文的政府规定保护我们的生物计量数据。其次，生物计量不是银弹，威胁最终能找到解决方法。当我们进入这些领域，我们需要分析数据，充分考虑安全问题。如果我们使用生物计量 (也许是用于避免一些人多次投票或者以多个名字获取政府救济金)，我们需要确定这些设备被按照恶意黑客想法思考的人所审查，而不是让那些考虑如何让它工作的人审查。第二个领域是纳米科技，通常这些设备是工作于 1~100 纳米。这些设备可以完成更加复杂的任务。有两个问题困扰着人们，一是如何预先给设备添加安全性能，另一个是当这些设备变换具备新功能后我们会失去对设备的控制。

一项正在被考虑的关键变革是改变和发展安全作战中心。一开始这些响应中心关注人工审查像工业检测系统一样的独立系统的登陆和输出信息。接着他们跟多种安全设备相连接来识别攻击行为。现在，我们看到军方称之为全资源情报收集，通过联合小组提供不同类型的情报 (技术和人)。新的 SOC 将继续推动预测分析，但需要传统安全信息和事件管理 (SIEM) 提供信息，可以整合来自于社交媒介、赛博威胁情报服务和用户的输入信息。一个运行的实例是美国在 NSA 和赛博司令部这两个组织联合执行一条命令更加方便。

9.2 基于政策的发展趋势

对于当前是否有一场赛博战已经悄然打响一直存有争论。认为赛博战已经开始的代表人物是国家情报局前任领导现任防御承包商的高级主管 Mike McConnell，他为华盛顿邮报写了题名为 "美国正在打一场赛博战，而且我们输了。就是这么简单[17]。" 的文章。站在赛博战被夸大的立场上的 Bruce Schneier 为美国有线电视新闻网 (CNN) 写的文章中说 "我们确实需要提高我们的赛博安全，但是这些文字有字面意思和隐含含义。为了控制我国的赛博安全战略一直有强大的斗争，国家安全部和国防部取得了胜利。如果我们将讲法限定在 '战争' 上，如果我们接受军方将广阔的赛博空间定义为 '战争'，我们将给自己带来恐慌 …… 假定，从另一方面来看，我们使用更多的精确的语言描述赛博犯罪，我们改变争论。打击犯罪需要决心和谋略，但这是在正常生活背景下完成的。我们希望给我们的警察特别的权利来调查和逮捕，但同时希望这些权利是在司法系统的监控下，而且受法律的保护，更好地为公民服务[18]。" 如何衡量这些争论的轻重，将直接影响到我们怎样面对和解决当前的赛博冲突。

当我们回顾最近几年的进步，有两篇研究报告值得品味。第一篇是由战略国际研究中心为第 44 届总统任期提交的名为 "两年后的赛博安全" 的文章。它介绍了该委员会在原创优势方面取得的进步。在 "2012 赛博安全前景" 的章节中写道 "当我们对最近两年进行回顾，发现在我们认为关键的领域几乎都取得了进步，但是没有一个领域的进步是足够充分的。赛博安全的争论停滞不前。拥护赛博安全的许多解决方案超过约定的期限。公私合伙关系、信息共享和自调节虽然得到改善，但我们已经尝试了十年却没有取得成功。为了减少美国在赛博空间的威胁, 我们需要新概念和新战略[19]。" 另外一篇报告来自于知名度较小叫做国家安全赛博空间学会的组织, 题名为 "赛博安全报告事记[20]"。它向奥巴马提供了非常平均级别的管理建议, 在报告中列出的目标大多数缺少及时进展。两项报告都强调了我们的进展是非常慢的。

我们也面临着经济战争。在一定程度上, 许多报纸报道过的赛博的主要灾难是大量数据从军队、政府、关键基础设施和商业公司中盗取。知识产权的流失 (专利、商业秘密、私有用户数据、商业计划) 是很难衡量和评估损害范围的, 但是攻击是肆虐的。通过赛博间谍行动美国一年的知识产权和技术损失估计高达 2400 亿美元。而德国在这方面的损失大概是 200 亿美元[21]。赛博犯罪是经济等式的另一半。这些问题正在侵害像美国一样的 G8 国家的经济实力基础。最后, 前任联合事务执行主席 Mike Mullen 发现对国家最大的威胁是我们的国债[22]。这就意味着, 我们用来改善赛博防御能力的大量资金将在来源于军队和外国政府的巨大压力下使用, 许多项目会被延期或者取消。

我们不在大学教其他国家如何制造原子弹, 但我们教给他们关于赛博空间我们所知的一切。大多数跟赛博相关的武器没有在国际武器贸易条例的管控下, 因为我们没有明确的规定何种赛博能力可作为武器出口 (一个典型的例子是密码)。正如政府 (包括军队) 已经从研究技术转向购买技术, 他们使用那些标准商业产品, 这些产品中许多是在全世界范围内设计和构建的。许多的研究也是在海外完成的。所以当我们继续认识和谈论赛博领域对我们的国家利益多么关键以及在各种冲突中起到多么关键的作用时, 我们已经放肆地将一切都出口了。

法律层面的赛博前景图现在有两个平行的发展方向: 第一个是私人诉讼将推动公开法律的设想; 第二个是国会制定法律保护国家关键基础设施、私有信息和知识产权[23]。今天已经有许多的诉讼案件和立法倡议, 但其中包含何种指导原则还没有明确的趋势。与此同时, 有许多的商业公司向军队和司法部提供赛博服务, 由于军队缺乏能力许多组织开始外包那些原来被认为只有政府才能负责的工作。直至今日, 这已经成为一项国际问题。国防部长 Leon E. Panetta 认为, 由于美国和中国在赛博竞技场中提高了技术能力, 因此国家间必须合作以避免危机产生[24] (译者注: 原著中参考文献引用标注有误)。

当今大部分组织的领导层都存在 "腕表综合征"。大部分人作决定并不依赖计算机或考虑使用计算机作为辅助设备 —— 计算机并非完成任务的主要工具。他们仍然戴着手表, 即使手机显示时间, 因为他们习惯于戴手表且不想改变。年轻一代从不戴手表, 很多人从未买过使用胶卷的照相机, 也不知道如何使用纸质地图。事实上, 本书作者之一曾在一次模拟演习中询问一位年轻的飞行员如果他们失去与指挥中心的网络连接, 他们该如何做, 得到的回答是 "我们就不能继续飞行了。" 对于使用羊脂铅笔 (年轻读者可以从维基百科上找到具体介绍) 跟踪记录整个师的军事行动的那一代人来说, 这种态度是不可思议的。因此, 当谈及网络, 许多婴儿潮那代人 (我们将用 "婴儿潮那代人" 替代 "老一代" 的说法) 已经成为主管, 他们许多时候没有风险意识。当数字化一代接过恐怖组织袭击西方的领导权, 他们最容易想到的一定是远程攻击, 利用我们的关键基础设施的任务控制系统攻击我们。

不久前我们曾在政治舞台上听到 "斯普特尼克时刻[25]" (当苏联发射了一颗卫星, 美国意识到他们在太空军备竞赛中落后了)。美国应对 "太空军备竞赛落后" 的举措之一是建立国防部高级研究计划局 (DARPA)[26]。(译者注: 原著中参考文献引用标注有误) 国防部高级研究计划局设计了一个赛博推动计划来确保军方系统和基础设施面对赛博攻击时仍可以有效运行。清除所有漏洞、适应飞速发展的赛博威胁、增加利用赛博技术对抗美军的成本等方面的技术, 都是推动计划的焦点问题。同样感兴趣的还有赛博的情报、监视和侦察能力的发展方法, 通信和电子战系统赛博技术的综合, 以及利用赛博技术促进商业的发展。他们有很多正在运行的项目, 包括赛博基因、动态隔离基于计算机的蠕虫攻击 (DQW)、军事网络协议、国家赛博靶场 (NCR)、可升级网络监视 (SNM) 量子计算、赛博信任程序和赛博内部人员威胁[27]。这些技术旨在紧跟国家技术前沿。问题是, 他们能得到资助吗? 能发展得够快吗?

在赛博市场上越来越明显的趋势是合并与采获。这个趋势的一些简单的例子有: 惠普需要 ArcSight (相关联)、Fortify (代码检测) 和 Tipping Point (入侵检测和风险控制系统) 来提供综合的赛博事件处理; RSA 需要 NetWitness (网络检测和辩论)、Archer(策略和遵从)、envision (安全事件管理) 和 GreenPlum (数据分析), 这样他们也可以提供单个企业赛博安全解决方案。英特尔需要赛门铁克公司来拓展他们产品的能力; IBM 需要许多关注赛博和大数据处理能力的公司。国防合同如 ManTech 签订的防护合同已经通过采购拓展了赛博能力, 像 HBGary (计算机网络接入攻击和开发) 或者考虑需要安全情报的 Kratos (认证和鉴定) 以及 RTLogic (Satcom 赛博安全) 进入赛博市场。这项趋势所产生的影响还不清晰。这或许将导致缺少公开安全解决方案的纯理论安全公司的消失, 这些公司所提供的服务将作为大公司服务包的一部分, 或者, 这将激励出更好的安全产品, 因为大公司将投入更多的资源来提高自身所需的能力。最后, 作为新的赛博公司受安全市场影响需要它以一种不可想象的方式减小下一个微软/谷歌/脸谱公司规模。

9.3 当今如何防御有争议的虚拟环境

周期短、影响大的国家级项目应该加强度量和审计。目前, 我们可以运用多种成果来定义网络空间度量标准。需要加强度量和审计的部分项目包括国家标准和技术研究院 (NIST) 安全内容自动化协议 (SCAP)/SP 800-30 信息技术风险管理指南, 系统通用标准 (ISO 18045 & ISO 15408), 关键威胁、资产和脆弱性评估 (OCTAVE), 控制目标信息和相关技术 (COBIT)。对联邦信息安全管理法案 (FISMA) 和国防部信息技术安全认证和鉴定项目 (DIFSCAP) 等传统项目逐步实施一系列的实时监控。MITRE 包含 "安全可测子项目", 该子项目使用常见漏洞和风险列表 (CVE®)、通用平台枚举列表 (CPE™)、常见弱点评分系统 (CWSS™)、常见弱点风险分析框架 (CWRAF™)、常见漏洞评分系统 (CVSS) 等一系列工具。截至到目前为止, 度量必须是具体的、可测量、可实现、可重现并且随时间动态变化的 (SMART), 同时确保决策能够保证所监控系统的安全性。

作为审计方, 联邦风险和授权管理项目 (FedRAMP) 提供了一套对云产品和服务进行安全评估、授权和持续监控的标准方法[28]。其他有用的标准为 SOC 1 号报告 (服务组织控制报告, 该报告取代了美国注册会计师研究所 SAS 70 标准) 和 ISO 17799, 不包括 "有效网络防御的 20 个关键安全控制点: 共识审计指南"。特定行业标准包括关于卫生保健的健康保险携带和责任法案 (HIPAA), 关于上市公司的萨班斯 – 奥克斯利方案 (SOX), 关于金融机构的格雷姆 – 里奇 – 比利雷方案 (GLB), 关于信用卡数据安全的支付卡行业标准 (PCI)。度量和实时审计是开发更加安全网络环境的关键因素。

目前, 我们面临着 "赛博疲劳" 的困境。每周关于赛博犯罪或赛博战的新闻看起来就像是天方夜谭。在维护赛博安全方面, 人们很难一直保持较高的工作热情。请看下面一段对话:

首席执行官 (CEO): "如果我们给你需要的所有经费用以建设赛博安

全环境, 你能保证系统安全吗?"

首席信息安全官 (CISO): "无法保证, 因为我们无法预防零日漏洞。"

首席执行官: "那么, 我们为什么要对赛博安全建设进行更多的投入?"

考虑到赛博安全的成本和其对我们的持续影响, 我们可能需要确定做生意的成本[29]。

如果想保护组织信息安全, 关键原则是规范用户行为 (例如当用户打开附件时弹出警告), 防止用户认为系统是安全的。在网络设计时, 采用纵深防御策略和最小权限原则, 并且管理用户身份, 执行认证 (用户身份是否属实)、授权 (该用户的访问权限) 和审计 (记录用户行为)。同时, 建立安全、风险管理和任务保证措施。如果想保护个人信息安全, 原则和前面的类似: 当进入计算机系统时, 记住计算机不是可信的安全环境。邮件附件 (如 PDF 或 PPT)、游戏、网页, 甚至是 U 盘都可能是攻击媒介。首先, 不要相信任何无法验证来源的内容。确保防火墙、防病毒软件和程序是最新的, 并且正常运行。一个好的方法是周期性手动升级防病毒软件, 并且进行病毒扫描。确保操作系统和应用程序已经打上了所有补丁。检验下载软件的哈希值 (数字指纹)。在另一块硬盘上备份重要的数据。

在年轻一代访问网络和教导其如何使用网络之间, 构成了微妙的平衡。年青一代应该充满竞争意识, 并且对构建下一代网络安全充满兴趣。如面向少年预备军官培训团 (JROTC) 和高校生的网络爱国者计划, 全国大学生网络防御竞赛 (CCDC) 和面向大学生的美国军事网络防御演习 (CDX) 等很多项目有助于年青一代掌握网络技能以成为下一代网络安全领域的领头人。

9.4　小结

回顾人类所经历的时代 —— 石器时代、铜器时代、铁器时代、农业时代、工业时代、信息时代、太空时代和当今的数字时代 —— 技术一直是社会进步的驱动力。改变的步伐加快了, 并将继续以指数级别加速。战争域经历了从动能到模拟, 再到数字的转变, 现在渗入到了社会基础设施的底层。面临发展 (WikiLeaks 和 Stuxnet) 与革命 (社会媒体) 的挑战, 我们要根据需求的速度逐步应对这些问题。

我们必须从相近的学科中得到启示, 例如, 文化专家 Toffler (塑造未来商业和政府的三个改变因素是创新、坚持和适应性)[30]、变动管理专家

John Kotter 博士 (研究表明 70% 的主要变化源于组织的失败)[31] 帮助我们组织正确的答案, 但最终我们必须设计一个公式, 它将确保我们为下一次挑战做好准备, 不管我们是否称之为战争。

最后, 关键是给赛博冲突定性定责。如果是战争行为则交由军事部门接管; 如果是间谍行为则交由情报部门处理; 如果是涉及国家安全的行为则交由国土安全部解决。已退休的参谋长联席会议副主席、美国海军陆战队 James Cartwright 将军指出: "说到底赛博战也是赛博空间的地盘争夺战, 我们必须迅速对此做出反应。要么让国土安全部全权负责, 要么就得想别的办法。" 目前, Cartwright 将军供职于战略与国际研究中心。前任国家情报局副主任、Meyerrose 集团创始人 Dale Meyerrose 曾透露, 美国国防部主张成立赛博司令部在私有实体遭受攻击而遇到可能的法律问题时向其提供帮助。同时, 他又指出: "赛博攻击本身就是非法的。我们经常会忘了军队只有在获取绝大部分民众意愿支持后才履行保卫国土的职责。美国军队行动并不限于国境线内, 他们根据不同的军事需要进行角色定位[32]。"

当我们研究赛博战争时, 会不断遇到关于学术、法律主体和接受使用赛博空间作为战场等方面的国际问题。目前, 围绕国家权力要素的赛博冲突很多, 迫切需要技能熟练、能够处理赛博冲突的技术人员。

参考文献

[1] Taleb, Nassim. NY Times First Chapters [online]; April 22, 2007. <http://www.nytimes.com/2007/04/22/books/chapters/0422-1st-tale.html>.

[2] Didier Sornette Dragon-Kings, Black Swans and the Prediction of Crises [online]; August 2009 <http:// www.uvm.edu/~pdodds/files/papers/others/2009/sornette2009a.pdf>.

[3] Reed Thomas C. At the Abyss: an insider's history of the cold war. NY: Ballantine; 2005.

[4] Davis Joshua. Hackers take down the most wired country in Europe [online]; August 21, 2007. <http://www.wired.com/politics/security/magazine/15-09/ff_estonia?currentPage=all>.

[5] Jackson William. The cyberattack that awakened the Pentagon [online]; August 25, 2010. <http://gcn.com/articles/2010/08/25/dod-cyberdefense-strategy-082510.aspx>.

[6] Krebs Brian. 'Russian Hacker Forums Fueled Georgia Cyber Attacks [online];

October 16, 2008. <http://voices.washingtonpost.com/securityfix/2008/10/report_russian_ hacker_forums_f.html>.

[7] Zetter Kim. Google Hack attack was ultra sophisticated, new details show [online]; January 14, 2010. <http://www.wired.com/threatlevel/2010/01/operation-aurora/>.

[8] Zetter Kim. How digital detectives deciphered stuxnet, the most menacing malware in History [online]; July 11, 2011. <http://www.wired.com/threatlevel/2011/07/how-digital-detectives-deciphered-stuxnet/>.

[9] Interview with James Gosler Sandia Fellow; May 26, 2012.

[10] McAfee in the crossfire-critical infrastructure in the age of cyber war [online]; February 2010. <http://www.mcafee.com/us/resources/reports/rp-in-crossfire-critical-infrastructure-cyber-war.pdf>.

[11] Paul Salmon*, Prof Stanton Neville, Dr Walker Guy & Dr Green Damian. Situation awareness measurement: a review of applicability for C4i environments [online]. <http:// bura.brunel.ac.uk/bitstream/ 2438/1422/1/Situation_awareness_measurement_Salmon_et_al.pdf>.

[12] Interview with Major General (Retired) Dale Meyerrose on May 29, 2012.

[13] US Air Force 'New Media and The Air Force [online]; 2009. <http://www.af.mil/shared/ media/document/AFD-091210-037.pdf>.

[14] Sandia National Lab SPIDERS [online]; February 2012. <http://energy. sandia. gov/?page_id=2781>.

[15] Interview with side Jim Brenton 17 a Principal Regional Security Coordinator for Electric Reliability Council of Texas (ERCOT) on June 8, 2012.

[16] Ellen Nakashima The Washington Post With Plan X, Pentagon seeks to spread U.S. military might to cyberspace [online]; May 30. <http://www.washingtonpost.com/world/national-security/with-plan-x-pentagon-seeks-to-spread-us-military-might-to-cyberspace/2012/05/30/gJQAEca71U_story.html>.

[17] McMonnell Mike. Washington Post. Outlook & Opinions [online]; February 28, 2010. <http://www. washingtonpost.com/wp-dyn/content/article/2010/02/25/AR2010022502493.html>.

[18] Schneier Bruce. Threat of "Cyberwar" Has Been Hugely Hyped. CNN [online]; July 7, 2010. <http://edition.cnn.com/2010/OPINION/07/07/schneier.cyberwar.hyped/>.

[19] Headline News 'White House Scores Low on Cybersecurity Report Card' [online]; January 25, 2011. <http://csis.org/publication/cybersecurity-two-years-later>.

[20] CSIS Commission on Cybersecurity for the 44th Presidency Cybersecurity Two Years Later [online]; January 31, 2011. <http://www.infosecisland.com/ blogview/11350-White-House-Scores-Low-on-Cybersecurity-Report-Card .html>.

[21] James A. Lewis House of Representatives Committee on Oversight and Government Reform Subcommittee on National Security, Homeland Defense and Foreign Operations. "Cybersecurity: Assessing the Immediate Threat to the United States" [online]; May 25, 2011. <http://oversight.house.gov/wp-content/uploads/2012/ 01/5-25-11_Lewis_NatSec_Testimony.pdf>.

[22] David Langstaff Leading CEO asks: do we dare protect national security on a shoestring? [online]; June 20, 2012. <http://washingtontechnology.com/ Articles/2012/06/20/Langstaff-commentary.aspx?p=1>.

[23] Interview with Douglas DePeppe Principal at i2IS Cyberspace, Solutions June 1, 2012.

[24] Cheryl Pellerin US, China Must Work Together on Cyber, Panetta Says [online]; May 7, 2012. <http://www. defense.gov/news/newsarticle.aspx?id= 116235>.

[25] Wilson Scott. What's a 'Sputnik moment'? washingtonpost.com [online]; January 25, 2011. <http://voices. washingtonpost.com/44/2011/01/whats-a-sputnik-moment.html>.

[26] DARPA History. [online, cited January 17, 2011]. <http://www.darpa.mil/ About/History/History.aspx>.

[27] DARPA. Strategic Technology Office [online, cited January 17, 2011]. <http://www.darpa.mil/Our_Work /I2O/Programs/>.

[28] GSA FEDRAMP [online]. <http://www.gsa.gov/portal/category/102371>.

[29] Interview with John Peschtore VP / Distinguished Analysis at Gartner; May 30, 2012.

[30] Associates, Toffler. Technology and Innovation 2025. [online, cited January 17, 2010]. <http://www. toffler.com/our-thinking/other-publications.html>.

[31] Kotter Dr. John. The 8 step process [online, cited January 17, 2011]. <http:// www.kotterinternational.com/ kotterprinciples/changesteps>.

[32] Fryer-Biggs Zachary. 'Debate slows new US cyber rules [online]; May 7, 2012. <http://www.defensenews.com/article/20120507/DEFREG02/305070004/ Debate-Slows-New-U-S-Cyber-Rules>.